每天学点
法律常识
案例应用版

LAW 看图学法

【全新插图版 第3版】

李 坤 ◎ 著

中国法制出版社
CHINA LEGAL PUBLISHING HOUSE

我国的立法体系

机构	立法权限
全国人民代表大会	修改宪法，制定、修改刑事、民事、国家机构的和其他的基本法律。
全国人民代表大会常务委员会	制定和修改除应当由全国人民代表大会制定的法律以外的其他法律；在全国人民代表大会闭会期间，对全国人民代表大会制定的法律进行部分补充和修改；解释法律。
国务院	根据宪法和法律，制定行政法规。
省、自治区、直辖市人民代表大会及其常务委员会	根据本行政区域的具体情况和实际需要，在不同宪法、法律、行政法规相抵触的前提下，制定地方性法规。
设区的市、自治州的人民代表大会及其常务委员会	在不同上位法相抵触的前提下，可对城乡建设与管理、环境保护、历史文化保护等事项制定地方性法规。
经济特区所在地的省、市的人民代表大会及其常务委员会	根据全国人民代表大会的授权决定，制定法规，在经济特区范围内实施。
民族自治地方的人民代表大会	依照当地民族的政治、经济和文化的特点，制定自治条例和单行条例，报批准后生效。 对法律和行政法规的规定作出变通的规定，但不得违背法律或者行政法规的基本原则，不得对宪法和民族区域自治法的规定以及其他有关法律、行政法规专门就民族自治地方所作的规定作出变通规定。
国务院各部、委员会、中国人民银行、审计署和具有行政管理职能的直属机构	根据法律和国务院的行政法规、决定、命令，在本部门的权限范围内，制定部门规章。
省、自治区、直辖市和设区的市、自治州的人民政府	根据法律、行政法规和本省、自治区、直辖市的地方性法规，制定地方政府规章。设区的市、自治州人民政府制定的地方政府规章限于城乡建设与管理、环境保护、历史文化保护等方面的事项。
中央军事委员会	根据宪法和法律制定军事法规，在武装力量内部实施。
中央军事委员会各总部、军兵种、军区、中国人民武装警察部队	根据法律和中央军事委员会的军事法规、决定、命令，在其权限范围内制定军事规章。
国家监察委员会	根据宪法和法律，制定监察法规。
最高人民法院、最高人民检察院	司法解释

注：1. 法的效力等级：宪法＞法律＞行政法规＞地方性法规、部门规章、地方政府规章；地方性法规＞本级和下级地方政府的规章。（＞表示效力高于）
  2. 司法解释：司法解释是最高人民法院对审判工作中具体应用法律问题和最高人民检察院对检察工作中具体应用法律问题所作的具有法律效力的解释，司法解释与被解释的有关法律规定一并作为人民法院或人民检察院处理案件的依据。

致亲爱的读者

人的一生，不可避免会遇到很多法律问题。但现实生活中，许多人法律意识淡薄，对一些关系自身利益的法律知识一无所知或者一知半解。不懂法的结果就是：吃亏了都不知道怎么回事，被告上法庭还不知道自己错在哪儿，受了窝囊气却不知道如何维护权益，让老板辞退了但不知道怎样据理力争……

为了帮助读者知法、懂法，进而更好地守法、用法，我们约请有丰富实务经验的专家编写了本书。本书的主要特色如下：

一、读者看得懂

百姓不懂法，很大程度上是因为法律条文和法律图书很难看懂。本书一改许多法律图书严谨有余、通俗不足的问题，将原本枯燥难懂的法律知识用短小精悍的案例表现出来。案例介绍简洁流畅，法官点评切中要害，对法律知识的解说深入浅出，避免使用艰深的法律术语，行文通俗，贴近百姓生活。更值得一提的是，本书配有大量辅助理解法律知识的场景漫画，让读者朋友轻轻松松看懂法律。

二、读者用得上

本书基本涵盖了重要、常用的法律知识，选取的多是典型的真实案例。法官断案部分给出的结论一般是法院通行的判决结果，法律依据准确。有的案例后面还附有律师的善意提醒。

三、方便读者阅读与检索

遇到相关法律问题时，读者朋友可以直接通过查询本书目录，找到相关问题，查看案例，找到法律依据。一句话，本书就像是读者朋友的"私人法律顾问",遇到法律问题时可"咨询"参考。

四、帮助读者顺利合理地解决纠纷

本书所选问题常见多发,所选案例真实典型,法官点评切中要害,法律依据准确无误,还有"私人法律顾问"般的善意提醒和诉讼指导。阅读本书,希望您的麻烦和纠纷顺利合理地得到解决,您的烦恼也一去不复返!

第1章　婚姻家庭与继承法律常识

001	1　离婚时，男方有权要求女方返还彩礼吗？
004	2　法定结婚年龄是多大？
007	3　已婚妇女可以选择不生育吗？
010	4　妻子发现丈夫总是跟女同事出入高消费场所，屡教不改之下可以要求分割夫妻共同财产吗？
012	5　不经过"离婚冷静期"，可以离婚吗？
014	6　离婚后发现一方隐瞒部分婚后共同财产时该如何处理？
017	7　丈夫在婚内所欠的债务，妻子有义务帮忙偿还吗？
020	8　面对家庭暴力，受害方可以怎么办？
023	9　父母离婚后，母亲可以擅自更改孩子姓名吗？
026	10　由于丈夫婚外情离婚的，妻子可以请求损害赔偿吗？
029	11　离婚父母可以轮流抚养孩子吗？
032	12　学费上涨后，子女可以向离婚后的父亲要求增加生活费吗？
035	13　未出生的胎儿享有继承权吗？
038	14　遗嘱继承优先于法定继承吗？

041	15	男方继承的遗产尚未办理相关手续,离婚时是否可以作为夫妻共同财产进行分割?
043	16	父亲在世,侄子可以继承姑姑的遗产吗?
045	17	想要录制一份视频遗嘱,怎样做才有法律效力?
047	18	公证遗嘱的法律效力是最大的吗?
049	19	给老人高额生活费是否就叫履行了赡养老人的义务?
051	20	兄弟姐妹之间是否可以就父母的赡养问题签订协议?

第2章 侵权赔偿法律常识

053	21	酒店客房内安装摄像头,侵犯了他人的何种权利?
055	22	被他人冒名顶替上大学,可以获得赔偿吗?
058	23	有赔偿能力的未成年人致使他人受伤,由谁承担赔偿责任?
061	24	饲养的动物造成他人损害的,由谁承担侵权责任?
063	25	路人被楼上坠落的花盆砸伤,由谁承担责任?
066	26	一起玩耍时被他人致伤,在无法确定侵权人是谁的情况下该如何维权?
068	27	他人为伤者垫付的医药费,事后是否可以要求责任方偿还?
070	28	为救他人而受到伤害,该由谁来承担相关责任?
072	29	因患者不配合治疗而导致病情加重,是否可以要求医院承担赔偿责任?

目录 003

074	30	患者是否可以要求医生根据实际病情需要开检查单？
076	31	在火车站台上候车时不慎跌落被火车撞伤，该由谁来承担赔偿责任？
078	32	遭遇空难后，可以参照遇难人员生前职业的收入标准要求赔偿吗？

第3章 日常消费法律常识

080	33	超市对顾客搜身，顾客该如何维权？
083	34	照相馆将电子版照片文件丢失，是否应承担责任？
087	35	消费者被超市电梯挤伤，谁来承担责任？
090	36	饭店是否应对顾客用餐时丢失物品承担责任？
093	37	网上购物给差评被网店店主骚扰应向哪个法院起诉？
096	38	以普通蛋糕冒充品牌蛋糕，可以要求店家赔偿吗？
099	39	打折的商品质量出现问题怎么办？
101	40	网购的"正品"与专柜里卖的不一样该怎么办？
103	41	用现金券购买的商品出现质量问题，怎么办？
105	42	退换货物产生的快递费用，应该由谁承担？
107	43	因受虚假广告诱导购买洗发水造成人身伤害的，谁承担责任？
109	44	团购游却变成了"吃喝游"，怎么办？
111	45	旅行社可以单方面变更旅游路线吗？

| 113 | 46 | 顾客在饭店打架，饭店人员并未及时制止，饭店是否要对受害者承担赔偿责任？ |
| 115 | 47 | 客运站在出售车票时向旅客搭售保险，这种做法对吗？ |

第4章　合同往来法律常识

116	48	11岁的小学生订立的合同无效吗？
119	49	供热不达标致用户生病，供热公司应当赔偿吗？
122	50	租赁期间房屋被卖，新房主能要求承租人立即搬离吗？
125	51	租赁期内承租人死亡的，和其共同居住的人能否继续住下去？
127	52	悬赏人应当对完成悬赏行为的人支付承诺的悬赏报酬吗？
129	53	寄存物品丢失，寄存处应该赔偿吗？
132	54	在合同上只摁了手印，法律效力和签字一样吗？
134	55	因客运司机"误时"而耽误乘客，乘客可以要求赔偿吗？
136	56	货物保修期内坏掉而卖方不予维修，买方因此支付的维修费找谁要？
138	57	没按约定日期到银行提取借款，需要向银行付利息吗？
139	58	委托他人临时看包后包被盗，能要求他人承担赔偿责任吗？
141	59	因出租人超过约定期限交付租赁物而造成的损失由谁承担？

目录 005

143	60	物业管理不严致使业主失窃的，物业公司需要赔偿损失吗？
145	61	业主在房屋上设立居住权，需要告知物业吗？
147	62	通过中介找到的房子，可以绕过中介直接找房主签合同，省下中介费吗？
149	63	合伙企业拟将解散，合伙人可以马上请求分割财产吗？

第5章 劳动就业法律常识

151	64	凭借假学历与用人单位签订的劳动合同有效吗？
154	65	在没有劳动合同的情形下，工伤该如何认定？
157	66	上班路上发生交通事故导致员工无法正常工作，用人单位可以将其解聘吗？
160	67	用人单位在与劳动者签合同时可以收取培训费吗？
162	68	计件工作能否订立劳动合同？
164	69	新招聘的员工，试用期可以是一年吗？
166	70	以完成一定工作为期限的劳动合同可以设定试用期吗？
168	71	员工在试用期内频繁请假，用人单位是否可以此为由解除劳动合同？
170	72	劳动合同期满，服务期未满的怎么办？
172	73	用人单位胁迫他人签订的劳动合同有效吗？
174	74	去哪里确认劳动合同是否有效？
176	75	劳动合同部分无效影响其他条款的效力吗？
178	76	支付加班费和奖金是用工单位应履行的义务吗？

180	77	原公司安排员工到新公司任职，工作年限如何计算？
182	78	劳动者依法享受养老保险待遇后，劳动合同还有效吗？
184	79	未足额支付劳动报酬的，劳动者该如何维权？
186	80	员工泄露公司机密应承担什么责任？
188	81	员工非因工负伤导致无法正常工作的，用人单位该怎么办？
190	82	单位因破产解聘员工，多发的一个月工资是什么？
192	83	用人单位依法终止工伤职工的劳动合同，员工可以得到什么补偿？
195	84	用人单位以女员工怀孕无法出差为由将其辞退，是否合法？
198	85	员工自愿不交社保，后又反悔要求公司补缴，产生的滞纳金由谁承担？
200	86	员工拒绝用人单位调整工作地点，不去工作，公司是否可以此为由解除劳动合同？
202	87	女员工被男同事骚扰，可以怎么办？

第6章 社会治安法律常识

204	88	谎称自己感染了传染病导致恐慌，将要承担何种法律责任？
207	89	为家庭琐事竟设计"表演"轻生，影响社会治安了吗？
210	90	明知机动车有故障，尚未维修即上路，将要承担何种法律责任？

213	91	男子频发色情短信骚扰前女友，前女友可诉至法院维权吗？
216	92	家庭舞会夜夜笙歌，噪声扰邻，会受罚吗？
219	93	对于违反治安管理的打架斗殴行为，公安机关能调解处理吗？
221	94	对违反治安管理规定的未成年人不能执行拘留处罚吗？
223	95	哪些情形下办理治安案件的警察应该回避？
225	96	公安派出所可以决定拘留人吗？
227	97	强行推销出售商品会被处罚吗？
229	98	未对承租人身份信息进行查验，房屋出租人会受到治安管理处罚吗？

第7章　刑事犯罪法律常识

231	99	故意伤害他人后又救助的，会影响量刑吗？
233	100	犯罪后主动投案会减轻处罚吗？
236	101	在女朋友家偷偷安装摄像头和窃听器的行为构成犯罪吗？
239	102	强迫10岁的孩子乞讨，是犯罪吗？
242	103	捏造事实诬陷他人的行为是否有可能构成犯罪？
244	104	因自动售卖机出现故障就将其砸坏，是否构成犯罪？需要承担什么责任？
246	105	间歇性精神病人在精神正常的时候打人致死，是否应当负刑事责任？
248	106	对入室盗窃的小偷实施防卫行为时致其死亡，是否需要承担刑事责任？

250	107	犯罪后躲藏起来，就能免于被追究刑事责任吗？
252	108	喝醉酒后开车，有可能构成犯罪吗？
254	109	允许他人在自己家中吸毒，属于犯罪行为吗？
256	110	在礼堂谎称有炸弹，造成多人受伤的，构成犯罪吗？
259	111	出租车公司拒不执行法院的判决，构成犯罪吗？

第 1 章

婚姻家庭与继承法律常识

1 离婚时，男方有权要求女方返还彩礼吗？

案例重现

小芳和小雷经过同村媒人李某牵线搭桥确定了恋爱关系。李某告知小芳父母，小雷家境富裕，在城里是做五金生意的，在村里也是数一数二的富裕人家。小芳在与小雷的接触中发现小雷为人热情，说话办事周到得体。于是，在李某的撮合下，两家顺利地在元旦结为亲家，两人领取了结婚证。结婚时，小雷家按照当地习俗给了小芳家10万元的彩礼。小芳在怀孕后，才发现小雷酗酒，酒后还实施家暴，小芳难以忍受，向小雷提出了离婚。小雷无法挽回小芳的心，同意离婚，但是要求小芳返还结婚时他给小芳家的10万元彩礼。那么，离婚时，男方有权要求女方返还彩礼吗？

法官点评

本案涉及结婚前男方给女方彩礼，在双方离婚进行财产分割时，女方是否要将彩礼返还给男方的问题。根据《最高人民法院关于适用〈中华人民共和国民法典〉婚姻家庭编的解释（一）》第5条的规定，当事人请求返还按照习俗给付的彩礼的，如果存在双方未办理结婚登记手续、双方办理结婚登记手续但确未共同生活或婚前给付并导致给付人生活困难等情形，人民法院应当予以支持。

按照传统习俗，婚姻当事人一方给付另一方的彩礼，不能单纯地认定为夫妻共有财产。本案中，在小芳收取小雷的彩礼前，两人已经领取了结婚证，是合法的夫妻。双方结婚后，小芳怀有身孕，说明两人存在共同生活的事实。小雷家是村里的富裕人家，媒人李某的言辞可以证明小雷家的富裕程度，由此断定，10万元的彩礼并没有使小雷家生活陷入困境。因此，小雷和小芳的情况并不符合法律规定的三种情形，10万元彩礼可以不必返还。

法律依据

《最高人民法院关于适用〈中华人民共和国民法典〉婚姻家庭编的解释（一）》

第五条 当事人请求返还按照习俗给付的彩礼的，如果查明属于以下情形，人民法院应当予以支持：

（一）双方未办理结婚登记手续；

（二）双方办理结婚登记手续但确未共同生活；

（三）婚前给付并导致给付人生活困难。

适用前款第二项、第三项的规定，应当以双方离婚为条件。

2 法定结婚年龄是多大？

案例重现

去年6月，参加完高考的周某和林某在一次朋友聚会中认识，两个人一见面就有聊不完的话题。之后，双方经常联系，在相互接触中，感情越来越好，不到一个月就确立了恋爱关系。由于两个人的学习成绩都不太好，最终决定放弃学习，一起到外地打工挣钱。今年年初，两个人向双方父母说明了他们的感情状况，双方父母觉得既然两个孩子感情好，而且都已经工作了，就尽快领结婚证，举行婚礼。但是当两个人到民政部门领取结婚证时，工作人员告知他们没有到法定的结婚年龄，不能结婚。周某和林某一头雾水。那么，结婚年龄在法律上是如何规定的呢？

法官点评

本案涉及法定结婚年龄的问题。我国法律明确规定了男女的适婚年龄。我国《民法典》第1047条规定："结婚年龄，男不得早于二十二周岁，女不得早于二十周岁。"

本案中，虽然周某与林某都已年满十八周岁，且身心健康，在法律上属于具有完全民事行为能力的成年人，可以独立地享有民事权利，承担民事义务，此外，两个人有深厚的感情基础，也充满了对幸福生活的向往，但是两个人的年龄都不够法定的结婚年龄，是不能结婚的。即使两人凭借虚假的资料达到了结婚的目的，该婚姻关系也是无效的，无效的婚姻是不受法律保护的。

法律依据

《中华人民共和国民法典》

第一千零四十七条　结婚年龄，男不得早于二十二周岁，女不得早于二十周岁。

第一千零五十一条 有下列情形之一的,婚姻无效:

……

(三)未到法定婚龄。

第一千零五十四条 无效的或者被撤销的婚姻自始没有法律约束力,当事人不具有夫妻的权利和义务。同居期间所得的财产,由当事人协议处理;协议不成的,由人民法院根据照顾无过错方的原则判决。对重婚导致的无效婚姻的财产处理,不得侵害合法婚姻当事人的财产权益。当事人所生的子女,适用本法关于父母子女的规定。

婚姻无效或者被撤销的,无过错方有权请求损害赔偿。

3 已婚妇女可以选择不生育吗？

案例重现

杨某和高某是大学同学，两个人在大学期间经常一起学习，在学习中培养起了感情，确立了恋爱关系。毕业后，杨某和高某到同一个城市工作，事业稳定后，两个人在去年国庆节领取了结婚证。婚后，夫妻俩的小日子过得甜蜜而和谐。结婚半年后，高某的父母对两个人的生育问题非常急切，盼望着早点抱上孙子。高某是个孝顺的孩子，对父母的话言听计从，于是他告诉杨某要尽快怀上孩子。杨某坚持不生，她的理由是现在是两个人的事业上升期，一旦生孩子，之前的努力就都白费了，况且他们的经济条件也不允许生孩子。高某并不接受杨某的想法，认为女人婚后必须生孩子，这是义务。两个人因为生孩子的事僵持不下，互不让步。那么，已婚妇女可以选择不生育吗？

法官点评

本案涉及已婚妇女是否有不生育的权利的问题。生育是夫妻双方的事情，必须代表夫妻双方的意志，在实行计划生育的前提下，妊娠或终止妊娠都应由双方协商一致决定。但由于妇女自身的生理特点，以及妇女在生育中肩负着更加重要的作用，我国《妇女权益保障法》第51条第1款规定："妇女有按照国家有关规定生育子女的权利，也有不生育的自由。"

本案中，高某的父母期盼抱孙子，高某对父母的话从不违抗，坚持要求杨某生育。但是，杨某说了现阶段不适合生孩子的理由，这些现实的情况也是不能忽略的，有计划地生育才会养育出优质的孩子。杨某在婚后享有生育自由的权利，高某不能强迫自己的妻子生育，应该尊重妻子的选择，从现实的情况出发，充分考虑当前是不是生育的最佳时机。当夫妻双方就生育问题达不成一致意见时，应进行友好的协商。如果通过协商实在无法达成一致意见，当事人可以选择离婚解决问题。

法律依据

《中华人民共和国妇女权益保障法》

第五十一条第一款 妇女有按照国家有关规定生育子女的权利，也有不生育的自由。

4. 妻子发现丈夫总是跟女同事出入高消费场所，屡教不改之下可以要求分割夫妻共同财产吗？

案例重现

熊某和孟某结婚10年，生育了一对可爱的儿女。前段时间，熊某经常早出晚归，有时甚至凌晨才回家。孟某的闺密在一家高档会所中工作，一天，闺密给孟某打来电话，委婉地提醒孟某，熊某经常和女同事一起出入该会所，前前后后已经花了不少钱。为了求证闺密的话，孟某悄悄来到会所，果然看见熊某与女同事相谈正欢，花钱大手大脚。孟某见状气愤不已，回家便和熊某大吵一架。熊某当时信誓旦旦地表示以后绝不再和女同事来往。但没过多久，闺密便又几次在会所内发现了熊某的身影。孟某心如死灰，但是为了两个孩子，她选择维持这段婚姻。为了保障自己的财产不被侵犯，孟某将熊某告上法庭，要求分割夫妻共同财产。请问，孟某的请求会被支持吗？

法官点评

夫妻共同财产，是指由《民法典》所规定的，在婚姻存续期内取得的由夫妻共同共有的财产。在发生法律规定的情形时，即使夫妻尚未离婚，仍然可以将夫妻共同财产进行分割。《民法典》第1066条规定，婚姻关系存续期间，有下列情形之一的，夫妻一方可以向人民法院请求分割共同财产：第一，一方有隐藏、转移、变卖、毁损、挥霍夫妻共同财产或者伪造夫妻共同债务等严重损害夫妻共同财产利益的行为；第二，一方负有法定扶养义务的人患重大疾病需要医治，另一方不同意支付相关医疗费用。同时，《最高人民法院关于适用〈中华人民共和国民法典〉婚姻家庭编的解释（一）》对此条规定的适用作出了进一步限制：婚姻关系存续期间，除民法典第1066条规定情形以外，夫妻一方请求分割共同财产的，人民法院不予支持。也就是说，只有夫妻一方有《民法典》第1066条所规定的行为时，另一方才有权在婚姻存续期内要求分割共同财产。本案中，熊某经常与女同事共同出入高档会所，挥霍与孟某的共同财产，其行为不仅违反了夫妻之间的忠诚义务，还违反了法律的规定。为了维护自己的合法权利，即使尚未与熊某离婚，孟某也可以向法院提出分割夫妻共同财产的申请。

法律依据

《中华人民共和国民法典》

第一千零六十六条 婚姻关系存续期间，有下列情形之一的，夫妻一方可以向人民法院请求分割共同财产：

（一）一方有隐藏、转移、变卖、毁损、挥霍夫妻共同财产或者伪造夫妻共同债务等严重损害夫妻共同财产利益的行为；

（二）一方负有法定扶养义务的人患重大疾病需要医治，另一方不同意支付相关医疗费用。

《最高人民法院关于适用〈中华人民共和国民法典〉婚姻家庭编的解释（一）》

第三十八条 婚姻关系存续期间，除民法典第一千零六十六条规定情形以外，夫妻一方请求分割共同财产的，人民法院不予支持。

5 不经过"离婚冷静期",可以离婚吗?

案例重现

董某从小就一直想要找一个风度翩翩的另一半。这些年来,她一直没能遇到一个符合她理想的男性。不知不觉,家里的长辈都开始操心她的婚姻大事。无奈之下,董某只能听从了母亲的安排相亲。相亲对象姓穆,是一名作家。董某一见到他,就认定他是自己心目中的丈夫,穆某也对董某非常满意,两人很快就结了婚。婚后,董某才发现,穆某平时只知道伤春悲秋,所有的家务事都落在她一人头上。董某经常因为一些生活中的琐事和穆某吵架,她觉得这日子过不下去了,想和穆某离婚。她怕夜长梦多,想尽快离开穆某,听说协议离婚需要经过一个月的离婚冷静期,便想通过其他方式离婚。请问,董某可以采取怎样的方式离婚呢?

法官点评

《民法典》第1077条规定:"自婚姻登记机关收到离婚登记申请之日起三十日内,任何一方不愿意离婚的,可以向婚姻登记机关撤回离婚登记申请。前款规定期限届满后三十日内,双方应当亲自到婚姻登记机关申请发给离婚证;未申请的,视为撤回离婚登记申请。"也就是说,当夫妻双方到婚姻登记机关申请离婚时,有为期30天的"冷静期",在此期间,夫妻任何一方都可以撤回离婚登记申请。本案中,董某因生活矛盾想要与穆某离婚,但不想经过离婚冷静期。《民法典》第1079条第1款规定,夫妻一方要求离婚的,可以由有关组织进行调解或者直接向人民法院提起离婚诉讼。根据本条规定，董某可以直接向法院提起离婚诉讼，要求与穆某离婚。但是，本条规定的第2款同时说明，人民法院审理离婚案件，应当进行调解；如果感情确已破裂，调解无效的，应当准予离婚。因此，即使是诉讼离婚，也不能达到立即离婚的效果，法院必须经过必要的调解程序后，才能开始对离婚案件进行审判。

法律依据

《中华人民共和国民法典》

第一千零七十七条 自婚姻登记机关收到离婚登记申请之日起三十日内，任何一方不愿意离婚的，可以向婚姻登记机关撤回离婚登记申请。

前款规定期限届满后三十日内，双方应当亲自到婚姻登记机关申请发给离婚证；未申请的，视为撤回离婚登记申请。

第一千零七十九条第一款 夫妻一方要求离婚的，可以由有关组织进行调解或者直接向人民法院提起离婚诉讼。

第二款 人民法院审理离婚案件，应当进行调解；如果感情确已破裂，调解无效的，应当准予离婚。

6. 离婚后发现一方隐瞒部分婚后共同财产时该如何处理？

案例重现

半年前，王某和孟某通过协议方式离婚，双方将婚后财产进行了如下分割：妻子孟某获得一套三居室的住房，丈夫王某获得一辆轿车和 50 万元存款。在离婚前，王某称投资生意的 50 万元血本无归，孟某当时相信了王某的话，所以在进行财产分割时就忽视了这部分财产。但是在离婚后不久，孟某得知这 50 万元的投资并不是像王某说的那样赔了本，而是被王某转移到其父母的名下。孟某认为王某的行为是违法的，隐瞒了夫妻共同财产，于是，孟某向人民法院提起诉讼，要求重新分割这部分财产。那么，离婚后发现一方隐瞒部分财产时该如何处理？

法官点评

本案涉及离婚时，一方故意隐瞒夫妻婚后共同财产的去向，当另一方知道真实情况后，能否要求法院对此部分财产进行再次分割的问题。我国《民法典》第 1092 条规定："夫妻一方隐藏、转移、变卖、毁损、挥霍夫妻共同财产，或者伪造夫妻共同债务企图侵占另一方财产的，在离婚分割夫妻共同财产时，对该方可以少分或者不分。离婚后，另一方发现有上述行为的，可以向人民法院提起诉讼，请求再次分割夫妻共同财产。"

本案中，在王某和孟某离婚时，王某故意隐瞒了婚后 50 万元的共同财产，并将这笔钱放到父母的名下，这种行为是不道德的，也是违法的。孟某在得知真实情况后，有权请求人民法院对这部分财产进行分割，人民法院应予以受理，以维护孟某的合法利益。

法律依据

《中华人民共和国民法典》

第一千零九十二条 夫妻一方隐藏、转移、变卖、毁损、挥霍夫妻共同财产,或者伪造夫妻共同债务企图侵占另一方财产的,在离婚分割夫妻共同财产时,对该方可以少分或者不分。离婚后,另一方发现有上述行为的,可以向人民法院提起诉讼,请求再次分割夫妻共同财产。

7. 丈夫在婚内所欠的债务，妻子有义务帮忙偿还吗？

案例重现

陈某与庞某经人介绍认识，在恋爱一年后，两人领证结婚，之后生育一女庞小某。三口之家其乐融融，过得非常幸福。但是2021年3月开始，陈某就发现丈夫有些反常，回家很晚，她每次询问原因，庞某都非常不耐烦。2021年7月，陈某接到一个陌生电话，对方称自己是庞某的好朋友宋某，庞某在与宋某等人赌博时欠宋某8万元赌债，现在联系不上庞某，只能向陈某索要。陈某挂掉电话后，随即联系丈夫庞某，庞某这才向陈某说出实情，承认自己确实在外赌博，欠了宋某8万元赌债。陈某听后非常气愤，告诉庞某"自己欠的债自己还，我没有钱帮你清偿赌债"。那么，庞某在婚内所欠的债务，妻子有义务帮忙偿还吗？

法官点评

夫妻一方在婚内举债，另一方是否负有偿还义务需视情况而定。我国《民法典》第1064条规定："夫妻双方共同签名或者夫妻一方事后追认等共同意思表示所负的债务，以及夫妻一方在婚姻关系存续期间以个人名义为家庭日常生活需要所负的债务，属于夫妻共同债务。夫妻一方在婚姻关系存续期间以个人名义超出家庭日常生活需要所负的债务，不属于夫妻共同债务；但是，债权人能够证明该债务用于夫妻共同生活、共同生产经营或者基于夫妻双方共同意思表示的除外。"《民法典》第 1065 条第 3 款规定："夫妻对婚姻关系存续期间所得的财产约定归各自所有，夫或者妻一方对外所负的债务，相对人知道该约定的，以夫或者妻一方的个人财产清偿。"根据上述法律规定可知，一般情况下，夫妻一方在婚内为家庭共同生活所负的债务为夫妻共同债务，应由夫妻共同偿还；除非借款一方明确表示其是以个人名义借款，为借款方的个人债务并由其独自偿还，债权人对此表示同意的，那么另一方就不用对该笔债务承担偿还义务。或者，债权人知道借款方与其配偶约定财产归各自所有的，借款方的债务属于个人债务。

此外，我国《最高人民法院关于适用〈中华人民共和国民法典〉婚姻家庭编的解释（一）》第 34 条规定："夫妻一方与第三人串通，虚构债务，第三人主张该债务为夫妻共同债务的，人民法院不予支持。夫妻一方在从事赌博、吸毒等违法犯罪活动中所负债务，第三人主张该债务为夫妻共同债务的，人民法院不予支持。"案例中庞某的债务是从事赌博活动所负的，依据该条款的规定，陈某对庞某因赌博所欠的债务是不负偿还义务的。

法律依据

《中华人民共和国民法典》

第一千零六十四条 夫妻双方共同签名或者夫妻一方事后追认等共同意思表示所负的债务，以及夫妻一方在婚姻关系存续期间以个人名义为家庭日常生活需要所负的债务，属于夫妻共同债务。

夫妻一方在婚姻关系存续期间以个人名义超出家庭日常生活需要所负的债务，不属于夫妻共同债务；但是，债权人能够证明该债务用于夫妻共同生活、共同生产经营或者基于夫妻双方共同意思表示的除外。

第一千零六十五条第三款 夫妻对婚姻关系存续期间所得的财产约定归各自所有,夫或者妻一方对外所负的债务,相对人知道该约定的,以夫或者妻一方的个人财产清偿。

《最高人民法院关于适用〈中华人民共和国民法典〉婚姻家庭编的解释(一)》

第三十四条 夫妻一方与第三人串通,虚构债务,第三人主张该债务为夫妻共同债务的,人民法院不予支持。

夫妻一方在从事赌博、吸毒等违法犯罪活动中所负债务,第三人主张该债务为夫妻共同债务的,人民法院不予支持。

8 面对家庭暴力,受害方可以怎么办?

案例重现

张某是某酒吧的一名服务生。去年,张某在酒吧工作时认识男友许某。许某觉得张某很漂亮,就经常到酒吧与张某搭讪。在聊天的过程中,张某被许某的甜言蜜语所迷惑,便开始与许某交往并确立了恋爱关系。2021年3月,张某与许某领证结婚。在结婚后不久,许某就怀疑妻子张某在酒吧与其他男子有不正当的关系,便经常喝醉酒回家,对妻子言语粗暴。一次,张某忍无可忍,对许某大喊了几句,许某便对张某拳打脚踢,将张某打得鼻青脸肿。此后,许某一旦遇到不顺心的事,就喝酒并与张某争吵,然后对张某实施家暴。那么,面对家庭暴力,张某该如何维护自身的合法权益呢?

法官点评

在婚姻关系中,夫妻双方应相互尊重,才能维护平等、和睦、文明的婚姻家庭关系,我国法律也禁止对家庭成员实施暴力。但在现实中,家庭暴力事件时有发生。案例中,在面对家庭暴力时,张某不能忍气吞声,而要懂得运用法律武器维护自身的合法权益。根据我国《民法典》第1079条及《反家庭暴力法》第13条的规定,在遭受家庭暴力时,张某可以向居民委员会或村民委员会、妇女联合会等单位投诉、反映或者求助,这些单位在收到投诉、反映或者求助后,应当对施暴者进行劝阻,从中调解。如果劝阻、调解无效,张某本人或其近亲属可以向公安机关报案,由公安机关予以制止,并依照治安管理处罚的法律规定对施暴者予以行政处罚。如果上述这些措施都不能阻止施暴者的家庭暴力行为,那么张某可以向法院提起离婚诉讼，与许某解除婚姻关系。在诉讼期间，如果张某依然面临家庭暴力的危险，可以依据《反家庭暴力法》第23条的规定，向人民法院申请人身安全保护令，保护自身合法权益。

法律依据

《中华人民共和国民法典》

第一千零七十九条 夫妻一方要求离婚的，可以由有关组织进行调解或者直接向人民法院提起离婚诉讼。

人民法院审理离婚案件，应当进行调解；如果感情确已破裂，调解无效的，应当准予离婚。

有下列情形之一，调解无效的，应当准予离婚：

……

（二）实施家庭暴力或者虐待、遗弃家庭成员；

……

《中华人民共和国反家庭暴力法》

第十三条 家庭暴力受害人及其法定代理人、近亲属可以向加害人或者受害人所在单位、居民委员会、村民委员会、妇女联合会等单位投诉、反映或者求助。有关单位接到家庭暴力投诉、反映或者求助后，应当给予帮助、处理。

家庭暴力受害人及其法定代理人、近亲属也可以向公安机关报案或者依法向人民法院起诉。

单位、个人发现正在发生的家庭暴力行为，有权及时劝阻。

第二十三条 当事人因遭受家庭暴力或者面临家庭暴力的现实危险，向人民法院申请人身安全保护令的，人民法院应当受理。

当事人是无民事行为能力人、限制民事行为能力人，或者因受到强制、威吓等原因无法申请人身安全保护令的，其近亲属、公安机关、妇女联合会、居民委员会、村民委员会、救助管理机构可以代为申请。

第二十九条 人身安全保护令可以包括下列措施：

（一）禁止被申请人实施家庭暴力；

（二）禁止被申请人骚扰、跟踪、接触申请人及其相关近亲属；

（三）责令被申请人迁出申请人住所；

（四）保护申请人人身安全的其他措施。

9. 父母离婚后,母亲可以擅自更改孩子姓名吗?

案例重现

李某和高某经过慎重考虑，做出了结婚的决定，两个人在亲朋好友的祝福中过上了幸福的生活。第二年，高某为李某生下了一个可爱的女儿李东，一家三口其乐融融地生活在一起。去年，李某因赌博输光了所有的家产，一家人日子过得很辛苦。高某觉得李某嗜赌如命，以后的生活会更加艰难，于是，为了给女儿更好的生活环境，高某向李某提出了离婚。两个人达成了离婚协议，女儿由高某抚养。离婚后，高某认为女儿有一个不称职的父亲，为了断绝女儿和李家的关系，必须让女儿跟自己姓。于是，在未征得李某同意的情况下，高某擅自将女儿的姓名改成了高东。李某得知这个消息后，要求恢复女儿的原姓名。李某认为高某没有权利擅自为女儿改姓。那么，父母离婚后，母亲可以擅自更改孩子姓名吗？

法官点评

本案涉及父母离婚后，抚养孩子的一方是否有权在未征得另一方同意的情况下擅自更改孩子姓名的问题。现实生活中，父母离婚后，抚养孩子的一方想变更孩子姓氏的情况并不少见。《民法典》第1016条特别对自然人姓名的变更作出了规定，即"自然人决定、变更姓名，或者法人、非法人组织决定、变更、转让名称的，应当依法向有关机关办理登记手续，但是法律另有规定的除外。民事主体变更姓名、名称的，变更前实施的民事法律行为对其具有法律约束力。"可见，自然人是可以变更姓名的，但必须依程序进行。如果法律另有规定的，应当依法律的特别规定。一般认为此处的法律是指广义上的法律，包括法律法规、司法解释及其他规范性文件。同时，根据《公安部关于父母离婚后子女姓名变更有关问题的批复》的规定，对于离婚双方未经协商或协商未达成一致意见而其中一方要求变更子女姓名的，公安机关可以拒绝受理；对一方因向公安机关隐瞒离婚事实，而取得子女姓名变更的，若另一方要求恢复子女原姓名且离婚双方协商不成，公安机关应予恢复。

本案中，李某和高某协议离婚，女儿李东跟随母亲高某一起生活，高某在没有和前夫李某协商一致的情况下，擅自将女儿的姓氏改成"高"。虽然法律规定，孩子的姓氏可以随父母姓的任何一个，但是对于离婚后更改孩子姓名的问题，法律另有规定。离婚后的一方更改孩子姓名必须征得另一方的同意，在未经另一方同意的前提下作出变更的，另一方有权要求恢复孩子的原姓名。

法律依据

《中华人民共和国民法典》

第一千零一十五条 自然人应当随父姓或者母姓，但是有下列情形之一的，可以在父姓和母姓之外选取姓氏：

（一）选取其他直系长辈血亲的姓氏；

（二）因由法定扶养人以外的人扶养而选取扶养人姓氏；

（三）有不违背公序良俗的其他正当理由。

少数民族自然人的姓氏可以遵从本民族的文化传统和风俗习惯。

第一千零一十六条 自然人决定、变更姓名，或者法人、非法人组织决定、变更、转让名称的，应当依法向有关机关办理登记手续，但是法律另有规定的除外。

民事主体变更姓名、名称的，变更前实施的民事法律行为对其具有法律约束力。

《公安部关于父母离婚后子女姓名变更有关问题的批复》

对于离婚双方未经协商或协商未达成一致意见而其中一方要求变更子女姓名的，公安机关可以拒绝受理；对一方因向公安机关隐瞒离婚事实，而取得子女姓名变更的，若另一方要求恢复子女原姓名且离婚双方协商不成，公安机关应予恢复。

10. 由于丈夫婚外情离婚的，妻子可以请求损害赔偿吗？

> 离婚就离婚，还要什么精神损失费？！

> 你跟别的女人同居了，我要和你离婚，并且你要赔偿我的精神损失！

> 有配偶而与他人同居是导致离婚的法定情形之一。与他人同居一方应赔偿对方的精神损失。

案例重现

三个月前，妻子黄某向丈夫杨某提出了离婚要求，原因是杨某无视家庭，搞婚外情。黄某和杨某结婚五年，感情基础较好。婚后杨某一直在外奔波忙事业，黄某为了解除杨某的后顾之忧，全力支持杨某发展事业，毅然辞掉了工作，在家相夫教子，两人各有分工，日子过得很幸福。但是自2020年初，黄某发现杨某对家庭的关心和回家的次数都越来越少。后来黄某发现，杨某与公司的同事李某有不正当关系，两个人还在某小区租房过起了日子。黄某对丈夫的出轨行为非常不满，于是向杨某提出了离婚。在离婚时，黄某向人民法院提出了10万元损害赔偿的请求。那么，黄某有权请求损害赔偿吗？

法官点评

本案涉及因为夫妻一方出轨导致婚姻破裂，离婚时，无过错方是否有权请求损害赔偿的问题。根据我国《民法典》第1091条的规定，离婚时，有重婚、有配偶者与他人同居、实施家庭暴力或虐待、遗弃家庭成员等情形的，无过错方有权请求损害赔偿。同时，根据《最高人民法院关于适用〈中华人民共和国民法典〉婚姻家庭编的解释（一）》第89条的规定，当事人在婚姻登记机关办理离婚登记手续后，以民法典第1091条规定为由向人民法院提出损害赔偿请求的，人民法院应当受理。但当事人在协议离婚时已经明确表示放弃该项请求的，人民法院不予支持。

本案中，黄某和杨某夫妻关系破裂的原因是杨某在婚内出轨，与第三者在外同居，符合请求损害赔偿的四种情形之一，所以黄某可以在离婚时向人民法院请求针对杨某的行为给黄某带来的伤害进行赔偿，人民法院应依法受理黄某的请求。同时，黄某应该注意，如果她在协议离婚时放弃了该项请求，则不能得到法院支持。

法律依据

《中华人民共和国民法典》

第一千零九十一条 有下列情形之一，导致离婚的，无过错方有权请求损害赔偿：

（一）重婚；

（二）与他人同居；

（三）实施家庭暴力；

（四）虐待、遗弃家庭成员；

（五）有其他重大过错。

《最高人民法院关于适用〈中华人民共和国民法典〉婚姻家庭编的解释（一）》

第八十九条 当事人在婚姻登记机关办理离婚登记手续后，以民法典第一千零九十一条规定为由向人民法院提出损害赔偿请求的，人民法院应当受理。但当事人在协议离婚时已经明确表示放弃该项请求的，人民法院不予支持。

11 离婚父母可以轮流抚养孩子吗?

> 不行,女儿得跟我过!

> 我们离婚,女儿归我抚养!

> 在对孩子成长有利的前提下,父母双方可以协商一致轮流抚养子女。

案例重现

2019年9月,张某和赵某喜结连理,婚后两人生活幸福。张某在外经营生意,赵某在家料理家务,日子过得平静而温馨。2020年年底,两人的女儿出生了,给家庭生活增添了更多的欢乐。但是好景不长,随着张某的生意越做越大,应酬活动越来越多,张某没有时间陪妻子和孩子,对家的依恋越来越少。赵某几次跟张某沟通,但是张某并不理会,还经常抱怨妻子不理解自己的努力,两人经常为鸡毛蒜皮的事情争执。赵某厌倦了这样的生活,提出了离婚,张某经过考虑也同意了。但是对女儿的抚养权问题,两人互不相让。张某认为赵某没有经济能力抚养孩子,赵某认为张某只知道做生意照顾不好孩子。为了缓和矛盾,赵某作出让步,提出了轮流抚养孩子的建议,张某表示同意。那么,离婚父母可以轮流抚养孩子吗?

法官点评

本案涉及离婚双方都不愿意放弃孩子的抚养权时,是否可以轮流抚养孩子的问题。我国《民法典》第1076条规定:"夫妻双方自愿离婚的,应当签订书面离婚协议,并亲自到婚姻登记机关申请离婚登记。离婚协议应当载明双方自愿离婚的意思表示和对子女抚养、财产以及债务处理等事项协商一致的意见。"第1078条规定:"婚姻登记机关查明双方确实是自愿离婚,并已经对子女抚养、财产以及债务处理等事项协商一致的,予以登记,发给离婚证。"同时,根据《最高人民法院关于适用〈中华人民共和国民法典〉婚姻家庭编的解释(一)》第48条的规定,在有利于保护子女利益的前提下,父母双方协议轮流直接抚养子女的,可予准许。

本案中,张某和赵某都不愿意放弃女儿的抚养权,赵某提出了双方轮流抚养的提议,得到了张某的同意,这意味着在子女的抚养问题上双方达成了一致的意见，而且是自愿的，所以法律是支持的。轮流抚养孩子，可以让离婚后的子女得到同等的父爱和母爱，这对于孩子的成长和生活都是有利的。在抚养孩子时，双方要尽到作为父母的义务。

法律依据

《中华人民共和国民法典》

第一千零七十六条 夫妻双方自愿离婚的，应当签订书面离婚协议，并亲自到婚姻登记机关申请离婚登记。

离婚协议应当载明双方自愿离婚的意思表示和对子女抚养、财产以及债务处理等事项协商一致的意见。

第一千零七十八条 婚姻登记机关查明双方确实是自愿离婚，并已经对子女抚养、财产以及债务处理等事项协商一致的，予以登记，发给离婚证。

《最高人民法院关于适用〈中华人民共和国民法典〉婚姻家庭编的解释（一）》

第四十八条 在有利于保护子女利益的前提下，父母双方协议轮流直接抚养子女的，人民法院应予支持。

12. 学费上涨后，子女可以向离婚后的父亲要求增加生活费吗？

我上大学了，花费比原来多了，抚养费应该也增加一些。

原先的抚养费我都按时给你了，现在多一分也不给！

虽然抚养费数额由法院判决确定或双方离婚时约定，但如果出现因物价上涨、孩子升学等抚养费增加的事由时，不与孩子一同生活的父母一方有义务给付更多的抚养费。

案例重现

几年前，小苗的母亲董某和父亲李某因为感情不和协议离婚。协议约定，小苗跟随母亲生活，李某负担小苗的生活费和教育费，抚养费按月支付，直到小苗大学毕业找到工作为止。董某和李某离婚时，小苗正在读高中，各方面的花费比较少。但是今年，小苗考上了外地的大学，每年的学费要1万元，再加上住宿费、生活费等开销，数额巨大。如果按照离婚时定的抚养费，小苗是无法完成大学学业的。小苗不想放弃继续学习和深造的机会，于是向父亲李某提出增加抚养费的要求，以便能顺利步入大学的校门。但是李某称自己的生活也不富裕，没能力增加抚养费，况且离婚协议里并没有关于增加抚养费的约定，所以拒绝接受小苗的要求。那么，小苗是否有权因学费上涨，向离婚后的父亲提出增加生活费的要求？

法官点评

本案涉及由于生活成本的增加，子女为了学习和生活是否可以向离婚后的父母提出增加生活费的要求的问题。我国《民法典》第1085条的规定："离婚后，子女由一方直接抚养的，另一方应当负担部分或者全部抚养费。负担费用的多少和期限的长短，由双方协议；协议不成的，由人民法院判决。前款规定的协议或者判决，不妨碍子女在必要时向父母任何一方提出超过协议或者判决原定数额的合理要求。"

本案中，董某和李某离婚时，小苗上高中，各方面的开销比较少。但是小苗要到外地读大学，无论是学费还是生活费等开销，都会比高中时多得多。李某以自己不富裕和离婚协议中没有增加抚养费的约定为由拒绝提高生活费是没有道理的。因为离婚协议中约定，李某负责小苗的生活费和教育费直至小苗大学毕业参加工作后，这是李某同意的,所以李某必须履行自己的义务,即根据小苗的实际情况提高抚养费。

法律依据

《中华人民共和国民法典》

第一千零八十五条 离婚后,子女由一方直接抚养的,另一方应当负担部分或者全部抚养费。负担费用的多少和期限的长短,由双方协议;协议不成的,由人民法院判决。

前款规定的协议或者判决,不妨碍子女在必要时向父母任何一方提出超过协议或者判决原定数额的合理要求。

13. 未出生的胎儿享有继承权吗？

> 这可是他父亲的亲骨肉啊，应该享有继承权！

> 孩子还没出生，不能分给遗产。

> 遗产分割时，应当保留胎儿的继承份额。

案例重现

去年，小明和小梅在亲朋好友的祝福下步入幸福的婚姻殿堂。结婚后，小明用多年打工的积蓄开了一家蔬菜商店，每天凌晨采购新鲜的蔬菜，白天卖菜，小店的生意很红火。小梅在家料理家务，小两口的日子过得越来越好，小明还在县城购买了一套住宅。半年后的一天，天降大雪，小明凌晨开车采购货物的时候，大雪导致路面湿滑，小明在一个十字路口因刹车失灵发生了车祸，不幸身亡。小明的母亲认为，为了更好地发展儿子的事业，小明的遗产应该由自己全部继承。此时，小梅发现自己已经怀孕两个月，小梅认为未出生的孩子是小明的骨肉，是小明财产的合法继承人，况且，自己是小明的合法妻子，也应该是继承人之一。小明母亲同意小梅继承遗产，但是认为孩子还没出生，不享有继承财产的权利。那么，未出生的胎儿享有财产继承权吗？

法官点评

本案涉及未出生的胎儿是否享有财产继承权的问题。我国《民法典》第1155条规定："遗产分割时，应当保留胎儿的继承份额。胎儿娩出时是死体的，保留的份额按照法定继承办理。"

本案中，小明因外出采购出车祸死亡，各继承人对于小明死后财产的分割出现了纠纷。在小明死前，小梅已经怀有身孕，在分割小明的遗产时，应该为胎儿保留应得的遗产份额。小明投资的蔬菜商店、一套房产及其他财物在作出夫妻财产分割后，为小明的遗产。对于遗产的分割法律有明确的规定，小明母亲的所说的胎儿无继承权的说法是不科学的。确切地说，是胎儿有"被留存遗产份额"的权利，至于其以后有没有继承权，就看其出生后是否存活。如果小明的孩子出生后存活了，包括存活了一会儿又死去的，那么，对于孩子来说，其有权继承为其所留的遗产份额。当然，在孩子存活了一会儿又死去的情况下，孩子去世后，其法定继承人再来继承其遗产。如果孩子一出生就是死体，那么就不会继承遗产份额，届时，遗产份额再由小明的法定继承人来分割即可。

法律依据

《中华人民共和国民法典》

第一千一百五十五条 遗产分割时，应当保留胎儿的继承份额。胎儿娩出时是死体的，保留的份额按照法定继承办理。

14 遗嘱继承优先于法定继承吗？

先生生前立下了遗嘱，所以我有权利继承遗产！

财产应当按照法定顺序继承，而不是根据遗嘱分割！

继承遗产首先要尊重公民生前的个人意志，即遗嘱继承与遗赠抚养协议优先于法定继承。

案例重现

去年8月，富商张某因患脑血栓不能继续工作，张某将产业交给了职业经理人进行打理。尽管通过治疗，张某身体得到了迅速的恢复，但是衣食起居还是需要有专人照顾。由于张某的儿子工作太忙，没有时间照顾张某，于是张某通过家政公司聘请了一位专业的保姆李某打点自己的生活。李某对张某的照顾无微不至。经过李某数月的悉心照料，张某的身体状况越来越好，张某对李某也产生了极大的信任。为了感激李某的陪伴和照顾，张某在律师的见证下立下遗嘱，在死后将自己产业的一半赠与李某。

今年2月，张某突发脑溢血死亡。张某的律师拿出了遗嘱，但是张某的儿子认为这张遗嘱是父亲在受李某胁迫的情况下不得已才写的，肯定不是父亲真实意思的表达，遗嘱是无效的。张某的遗产应该按照法定的顺序继承，而不是根据遗嘱分割遗产。

那么，在有遗嘱的情况下，遗产继承采取遗嘱继承优先还是法定继承优先呢？

法官点评

本案涉及在立有遗嘱的情况下，遗产继承应遵循的先后顺序问题。遗嘱是公民生前对其死后遗产所作的处分和处理其他事务的嘱附或嘱托，是立遗嘱人真实意思的表达。我国《民法典》第1123条规定："继承开始后，按照法定继承办理；有遗嘱的，按照遗嘱继承或者遗赠办理；有遗赠扶养协议的，按照协议办理。"

本案中，张某病后得到李某全心全意的照料，为了表达对李某的感激，张某立下了让李某继承其一半产业的遗嘱。这份遗嘱的真实有效性可以由律师作证。这份遗嘱是张某真实意思的表达，并不存在张某儿子臆断的情况。在立有遗嘱的情况下，分割继承遗产首先要尊重公民生前的个人意志,应当满足公民生前的愿望,即遗嘱继承与遗赠抚养协议优于法定继承。因此,本案中根据张某生前的遗嘱,李某享有继承张某一半产业的权利,剩余财产按照法定继承顺序依法继承。

法律依据

《中华人民共和国民法典》

第一千一百二十三条　继承开始后,按照法定继承办理;有遗嘱的,按照遗嘱继承或者遗赠办理;有遗赠扶养协议的,按照协议办理。

15. 男方继承的遗产尚未办理相关手续，离婚时是否可以作为夫妻共同财产进行分割？

案例重现

李某的大伯在海外定居多年，无儿无女，临终前立下遗嘱，自己的所有遗产由李某来继承。由于大伯的遗产全部在国外，相关手续十分繁杂，李某始终没有着急办理。2021年2月，李某和妻子张某由于性格不合，经常因为生活琐事产生矛盾，争吵不断，两人准备协议离婚。在拟订离婚财产分割协议时，张某提出李某所继承的其大伯的遗产应作为夫妻共同财产来进行分割。而李某认为，自己还没有办理相关的继承手续，所以不同意张某的要求。于是，张某准备起诉到法院，要求对李某继承的其大伯的遗产进行分割。请问，张某的要求是否会得到法院的支持？

法官点评

本案中，李某继承其大伯遗产的行为是在和张某的婚姻关系存续期间发生的，故在离婚时，该部分遗产份额应作为夫妻共同财产分割。从程序上来说，由于遗产尚未办理相关手续，因此，张某希望通过离婚诉讼分割该遗产的想法是不能实现的。《最高人民法院关于适用〈中华人民共和国民法典〉婚姻家庭编的解释（一）》第81条规定："婚姻关系存续期间，夫妻一方作为继承人依法可以继承的遗产，在继承人之间尚未实际分割，起诉离婚时另一方请求分割的，人民法院应当告知当事人在继承人之间实际分割遗产后另行起诉。"

由此法条可知，当夫妻一方在离婚诉讼时请求分割另一方继承的尚未实际分割的遗产时，法院应当告知当事人在继承人之间实际分割遗产后另行起诉。

因此，张某必须首先督促李某办理继承遗产的相关手续。在取得遗产的继承证明后，张某才能另行起诉解决李某已继承遗产的分割问题。

法律依据

《最高人民法院关于适用〈中华人民共和国民法典〉婚姻家庭编的解释（一）》

第八十一条　婚姻关系存续期间，夫妻一方作为继承人依法可以继承的遗产，在继承人之间尚未实际分割，起诉离婚时另一方请求分割的，人民法院应当告知当事人在继承人之间实际分割遗产后另行起诉。

16 父亲在世，侄子可以继承姑姑的遗产吗？

案例重现

小聂小时候，父母外出务工，将他托付给姑姑照顾。小聂的姑父没有生育能力，姑姑也就没有自己的孩子，因此格外疼爱小聂，小聂和姑姑姑父的感情也十分深厚。前几年，姑父因意外去世，小聂便把姑姑接到了自己家里，和姑姑一起生活。然而好景不长，不久前，姑姑在体检时意外得知自己得了癌症，并且到了晚期，癌细胞大面积扩散，已经回天乏术了。在姑姑最后的日子里，一直是小聂陪在她身边，送她走完了最后一程。姑姑去世后，留下了数额不小的财产。小聂想到自己即将买房，需要一大笔现金，不由得想到了姑姑的遗产。请问，在这种情况下，小聂能够继承姑姑的遗产吗？

法官点评

我国法律中规定了代位继承的相关制度，而《民法典》首次将代位继承的范围扩大到了"被继承人的兄弟姐妹先死亡的情形"。根据《民法典》第1128条的规定，代位继承的情形主要有两种：第一，被继承人的子女先于被继承人死亡时，由被继承人子女的直系晚辈血亲代位继承；第二，被继承人的兄弟姐妹先于被继承人死亡时，由被继承人的兄弟姐妹的子女代位继承。其中，第二种情形主要适用于被继承人并无第一顺序继承人，其遗产只能由兄弟姐妹继承的情形。《民法典》将代位继承的范围加以扩大，填补以往法律的空白，最大程度上避免了遗产无人继承的情况出现。

《民法典》第 1127 条规定，第一顺序继承人包括配偶、子女、父母，第二顺序继承人包括兄弟姐妹、祖父母、外祖父母。本案中小聂从小被姑姑照顾长大，与姑姑感情深厚。姑姑一生没有子女，丈夫也已经去世，这代表她去世时，如果父母也已经不在了，那么其没有法律规定的第一顺序继承人。但是，在姑姑去世时，小聂的父亲仍然在世，父亲作为姑姑的兄弟，是姑姑的第二顺序继承人，此时的小聂是无法代替父亲继承姑姑遗产的。

法律依据

《中华人民共和国民法典》

第一千一百二十七条 遗产按照下列顺序继承：

（一）第一顺序：配偶、子女、父母；

（二）第二顺序：兄弟姐妹、祖父母、外祖父母。

继承开始后，由第一顺序继承人继承，第二顺序继承人不继承；没有第一顺序继承人继承的，由第二顺序继承人继承。

本编所称子女，包括婚生子女、非婚生子女、养子女和有扶养关系的继子女。

本编所称父母，包括生父母、养父母和有扶养关系的继父母。

本编所称兄弟姐妹，包括同父母的兄弟姐妹、同父异母或者同母异父的兄弟姐妹、养兄弟姐妹、有扶养关系的继兄弟姐妹。

第一千一百二十八条 被继承人的子女先于被继承人死亡的，由被继承人的子女的直系晚辈血亲代位继承。

被继承人的兄弟姐妹先于被继承人死亡的，由被继承人的兄弟姐妹的子女代位继承。

代位继承人一般只能继承被代位继承人有权继承的遗产份额。

17. 想要录制一份视频遗嘱，怎样做才有法律效力？

案例重现

再过不久，就是张大妈的 75 岁生日。这几年，她看着身边的朋友有的生病有的去世，深深感到人一上岁数，说不准哪天就没了。张大妈想到自己名下有一套房子，手里也有不少祖上传下来的首饰，值不少钱，她害怕万一自己突然过世，儿女们会因为遗产闹矛盾，便决定立个遗嘱。张大妈没上过学，不认识字，让别人帮忙写遗嘱又担心自己的意愿不能被完整记录下来。一天，张大妈在小区里和别人聊天时，听说现在用视频也可以立遗嘱。她觉得这个方法太适合自己了，于是立刻回到家里，用手机的录像功能将自己想对儿女说的话以及遗产该如何分配记录了下来。那么，张大妈的视频遗嘱有法律效力吗？

法官点评

进入 21 世纪以来，科技发展日新月异，订立遗嘱的方式也需要随之不断变化。《民法典》第 1137 条规定："以录音录像形式立的遗嘱，应当有两个以上见证人在场见证。遗嘱人和见证人应当在录音录像中记录其姓名或者肖像，以及年、月、日。"从这条规定中可知，录音录像遗嘱要具有法律效力应当具备以下要素：首先，录音录像形式的遗嘱必须有两个以上见证人；其次，遗嘱人和见证人都应当在录音或录像中记录姓名或肖像，以及订立遗嘱的具体日期。

本案中，张大妈使用手机的录像功能，将自己对于死后遗产的分配记录下来，这就是一份录音录像遗嘱。但是，张大妈在立下遗嘱时，只有自己一个人，没有其他见证人，这份遗嘱缺乏法律上的有效要件，是无法生效的。要想立下一份有效的录音录像遗嘱，张大妈可以请两个以上朋友或居委会的工作人员作为见证人，重新录像，并记录名字和日期。

法律依据

《中华人民共和国民法典》

第一千一百三十七条　以录音录像形式立的遗嘱，应当有两个以上见证人在场见证。遗嘱人和见证人应当在录音录像中记录其姓名或者肖像，以及年、月、日。

18 公证遗嘱的法律效力是最大的吗？

案例重现

老刘育有一子一女，受重男轻女的思想影响，他以前一直偏爱儿子，有什么好的都给儿子留着。老刘老伴去世得早，他的身体不太好，儿子不务正业，对他撒手不管，平时主要是女儿照顾他。老刘感念于女儿的孝顺，便立下一纸遗嘱，表明自己的房产由儿子和女儿共同继承，并进行了公证。两年后，老刘的身体越来越差，他看着没有依靠的儿子，担心自己死后儿子没有归处，便悄悄修改了遗嘱，将房产全部留给儿子一人继承。老刘去世后，女儿以第一份遗嘱已经经过公证，具有优先效力为由，要求继承老刘一半的房产。请问，公证遗嘱是否具有优先的法律效力？老刘修改后的遗嘱是否有效呢？

法官点评

根据法律规定，公民可以通过多种方式立遗嘱，并可以前往公证机关对遗嘱进行公证。在过去的法律规定中，由于公证遗嘱得到了国家机关的确认，因此具有最高的法律效力。但是在遗嘱进行公证后，遗嘱人的想法随时都会变化，难免会发生遗嘱已经修改但还未来得及公证的情况。遗嘱应当是遗嘱人最真实意愿的体现，其修改后的遗嘱也应当得到尊重。因此，《民法典》中对遗嘱效力问题作出了相应修改。根据《民法典》第1142条的规定，遗嘱人在立下遗嘱后，是可以撤回或者变更遗嘱的，而当遗嘱人立有数份遗嘱时，以最后的遗嘱为准。

也就是说，在《民法典》的规定中，公证遗嘱不再具有最优先的法律效力，遗嘱人订立的最后一份遗嘱才是效力最高的。在上面的案例中，虽然老刘订立的第一份遗嘱经过了公证，但他修改后的遗嘱具有更优先的法律效力，在继承时应当以修改后的遗嘱为准。

法律依据

《中华人民共和国民法典》

第一千一百四十二条 遗嘱人可以撤回、变更自己所立的遗嘱。

立遗嘱后，遗嘱人实施与遗嘱内容相反的民事法律行为的，视为对遗嘱相关内容的撤回。

立有数份遗嘱，内容相抵触的，以最后的遗嘱为准。

19. 给老人高额生活费是否就叫履行了赡养老人的义务？

案例重现

丁小丽大学毕业后，留在了北京的一家外企工作。由于外企工作压力大，丁小丽一直都很努力，不敢松懈，终于得到了领导和同事的认可。丁小丽每月都给自己在老家的父母一笔丰厚的生活费，又给他们翻盖了新房。街坊四邻都称赞丁小丽是个知恩图报、孝顺的孩子，其父母却常常抱怨丁小丽不回家探望他们。丁小丽认为自己一个人在北京打拼付出了太多的艰辛和努力，为的就是能改善父母的生活，让他们过上好日子。平时自己在外省吃俭用，所有的积蓄几乎都给了父母，可父母对自己还是不满意。丁小丽很困惑，给老人高额生活费不就是履行了赡养老人的义务吗？

法官点评

赡养老人，不仅是我国的传统美德，更是每个公民应尽的法律义务。父母将子女从小养大，作为子女，长大后理应照顾好自己的父母，这里的照顾不仅包括物质生活方面的满足，还包括对父母精神生活方面的满足。我国《老年人权益保障法》第14条第1款规定："赡养人应当履行对老年人经济上供养、生活上照料和精神上慰藉的义务，照顾老年人的特殊需要。"

由此可见，对老人的赡养是全方位的，不仅仅是给予足够的物质生活用品。丁小丽应该多回家陪陪老人。随着年龄的增长，老人的孤独感也会增长，他们希望子女给予更多的是心灵的安慰，所以子女即使在工作繁忙不能回家的情况下，也应该经常与父母通电话。

法律依据

《中华人民共和国老年人权益保障法》

第十三条 老年人养老以居家为基础，家庭成员应当尊重、关心和照料老年人。

第十四条 赡养人应当履行对老年人经济上供养、生活上照料和精神上慰藉的义务，照顾老年人的特殊需要。

赡养人是指老年人的子女以及其他依法负有赡养义务的人。

赡养人的配偶应当协助赡养人履行赡养义务。

20. 兄弟姐妹之间是否可以就父母的赡养问题签订协议？

案例重现

林大某和林小某是一对双胞胎兄弟，两人自幼勤奋上进，考取了北京某重点大学。大学毕业后，两兄弟又都留在北京工作并各自成家落户。一家人都为兄弟俩感到高兴，但问题也随之而来。他们的父亲因患脑中风，常年瘫痪在床，需要母亲照顾日常生活。母亲随着年事增高，身体也逐渐不支。两位老人的养老问题成了摆在两兄弟面前的一道难题。哥哥林大某在外企工作，收入丰厚，但经常出差到外地甚至国外。弟弟林小某在国企工作，收入稳定，但住房面积很小，无法把父母接来同住。最后，兄弟二人就父母的养老问题达成一致，由哥哥出钱在弟弟家附近给父母租一套房子，父母的日常生活由弟弟来照顾，生活花销由兄弟二人均摊。此事征得父母同意后，为了明确兄弟二人的责任，二人签订了关于父母赡养问题的协议。但他们不清楚，这种协议是否具有法律效力？

法官点评

我国《宪法》《民法典》都有明确规定，成年子女有赡养扶助和保护父母的义务。我国《老年人权益保障法》第20条第1款明确规定："经老年人同意，赡养人之间可以就履行赡养义务签订协议。赡养协议的内容不得违反法律的规定和老年人的意愿。"由此可见，赡养人之间可以就履行赡养义务签订协议，但必须征得老年人同意，并保证上述赡养义务得以履行。

由本案情形可见，林大某和林小某两兄弟由于各自的情况无法由一方独自赡养父母，在兄弟二人达成共识并征得父母同意后，签订了赡养协议，这份赡养协议是具有法律效力的。

法律依据

《中华人民共和国民法典》

第二十六条 父母对未成年子女负有抚养、教育和保护的义务。成年子女对父母负有赡养、扶助和保护的义务。

《中华人民共和国老年人权益保障法》

第十四条第一款 赡养人应当履行对老年人经济上供养、生活上照料和精神上慰藉的义务，照顾老年人的特殊需要。

第十九条 赡养人不得以放弃继承权或者其他理由，拒绝履行赡养义务。

赡养人不履行赡养义务，老年人有要求赡养人付给赡养费等权利。

赡养人不得要求老年人承担力不能及的劳动。

第二十条 经老年人同意，赡养人之间可以就履行赡养义务签订协议。赡养协议的内容不得违反法律的规定和老年人的意愿。

基层群众性自治组织、老年人组织或者赡养人所在单位监督协议的履行。

第 2 章

侵权赔偿法律常识

21 酒店客房内安装摄像头，侵犯了他人的何种权利？

案例重现

小新是某服装公司的设计师。2021年5月，小新受公司指派到某地参加一场知名服装品牌的时装秀。小新在到达主办方指定的酒店后，便按照要求办理了入住手续。然而，在小新进入酒店的房间，准备关门时，突然发现房间的门上居然安装了摄像头，正对屋内。她马上联系酒店前台，要求他们给一个说法。酒店工作人员称他们也不知道为什么这里存在一个摄像头。小新想报警，被酒店工作人员拦下。工作人员称万一报警可能会受到处罚，也会影响酒店声誉。小新认为这个事情很严重，已经严重侵犯到客人的权利，必须有一个合理的处理结果。那么请问，酒店的客房内安装摄像头，侵犯了客人的何种权利？

法官点评

酒店的客房内安装摄像头,侵犯的是客人的隐私权。我国《民法典》第1032条规定,隐私是自然人的私人生活安宁和不愿为他人知晓的私密空间、私密活动、私密信息。自然人享有隐私权。任何组织或者个人不得以刺探、侵扰、泄露、公开等方式侵害他人的隐私权。同时,《民法典》第1033条明确规定,进入、拍摄、窥视他人的住宅、宾馆房间等私密空间是侵犯他人隐私权的行为。

在本案中,酒店客房内属于私密空间,房内安装摄像头侵犯了住店人的隐私权。既然酒店工作人员称对摄像头之事不知情,那么说明可能有人偷偷专门在房间安装了摄像头,后果不堪设想。因此,应当如小新所想,立即报警。

法律依据

《中华人民共和国民法典》

第一千零三十二条 自然人享有隐私权。任何组织或者个人不得以刺探、侵扰、泄露、公开等方式侵害他人的隐私权。

隐私是自然人的私人生活安宁和不愿为他人知晓的私密空间、私密活动、私密信息。

第一千零三十三条 除法律另有规定或者权利人明确同意外,任何组织或者个人不得实施下列行为:

(一)以电话、短信、即时通讯工具、电子邮件、传单等方式侵扰他人的私人生活安宁;

(二)进入、拍摄、窥视他人的住宅、宾馆房间等私密空间;

(三)拍摄、窥视、窃听、公开他人的私密活动;

(四)拍摄、窥视他人身体的私密部位;

(五)处理他人的私密信息;

(六)以其他方式侵害他人的隐私权。

22 被他人冒名顶替上大学,可以获得赔偿吗?

案例重现

高某是一个学习成绩非常优秀的学生,学校和家长对高某的高考都抱有很大的期望。2020年6月,高某参加了高考。公布成绩后,高某非常开心,因为根据考试的分数,高某可以上一所重点大学。高某根据自己的兴趣爱好填报了高考志愿,之后一直期待着录取通知书的到来。但是,高某始终没有收到任何录取消息。等到大家都高高兴兴地去大学报到的时候,高某只好去大城市打工。对于高某的遭遇,所有人都非常不理解。

之后,高某意外得知,自己没收到通知书的原因是董某利用其强大的背景,买通了高中校长和大学的招生办,伪造了董某的档案,让董某得以冒充高某,并顶替高某上大学。当知道这一消息时,高某感到异常愤怒。

本案中,董某顶替高某上大学使高某丧失了求学的机会,高某可以得到赔偿吗?

法官点评

本案涉及一方伪造另一方的档案,通过不正当的手段顶替另一方上大学,导致另一方丧失求学机会,对给其带来的损失是否应赔偿的问题。根据我国《宪法》第46条第1款的规定,中华人民共和国公民有受教育的权利和义务。同时,根据我国《民法典》的规定,姓名权是自然人依法享有的人格权之一,任何组织或者个人不得以干涉、盗用、假冒等方式侵害他人的姓名权或者名称权。现实生活中,不少侵权人是通过侵犯他人姓名权的方式侵犯了他人受教育的基本权利,并造成具体的损害后果,给受害人的精神造成严重损害。据此,受害一方可以要求侵害人承担相应的法律责任。

本案中，董某的家庭通过非法手段收买了校方，并伪造了高某的档案，这种行为是违法的，也侵犯了高某的姓名权。同时，董某冒名顶替高某上了大学，还侵犯了高某的受教育权，使高某失去了受教育的机会和权利，这必然会给高某的一生带来影响，改变高某的人生轨迹。高某有权获得精神损失费及其他相关经济损失的赔偿。

法律依据

《中华人民共和国宪法》

第四十六条第一款　中华人民共和国公民有受教育的权利和义务。

《中华人民共和国民法典》

第九百九十条　人格权是民事主体享有的生命权、身体权、健康权、姓名权、名称权、肖像权、名誉权、荣誉权、隐私权等权利。

除前款规定的人格权外，自然人享有基于人身自由、人格尊严产生的其他人格权益。

第一千零一十四条　任何组织或者个人不得以干涉、盗用、假冒等方式侵害他人的姓名权或者名称权。

第一千一百八十三条　侵害自然人人身权益造成严重精神损害的，被侵权人有权请求精神损害赔偿。

因故意或者重大过失侵害自然人具有人身意义的特定物造成严重精神损害的，被侵权人有权请求精神损害赔偿。

23 有赔偿能力的未成年人致使他人受伤，由谁承担赔偿责任？

我儿子已经有经济能力，就由他自己负责吧。

你们应当赔偿我儿子的医疗费！

有财产的无民事行为能力人、限制民事行为能力人造成他人损害的，从本人财产中支付赔偿费用。不足部分，由监护人赔偿。

案例重现

肖某今年15岁,是一个非常有经济头脑的高中生。从上初中起,肖某就开始用自己的零花钱创业,利用节假日在小区内卖一些日常生活小用品。大家都觉得肖某是个有想法的小伙子,便力所能及地支持他的生意。慢慢地,肖某总结出小区业主的基本需求,卖的东西越来越受大家青睐,生意也越做越好。几年来,肖某的经营给他带来了不少的收入。

某日,肖某骑车去上学,由于怕迟到,肖某骑车速度有点快,当看到红灯时刹车已经晚了,撞倒了过马路的小孩张某,导致张某胳膊骨折,腿部擦破了皮。肖某带张某到医院进行了治疗,花去医疗费1000元。张某家人要求肖某父母支付医疗费,但肖某父母说肖某有经济能力,让肖某自己解决问题。

本案中,肖某是有经济能力的未成年人,那么张某的赔偿应由谁支付?

法官点评

本案涉及有一定经济能力的未成年人骑车导致他人受伤,他人的医疗费是由未成年人自己承担还是由其父母承担的问题。根据我国《民法典》第1188条第2款的规定,有财产的无民事行为能力人、限制民事行为能力人造成他人损害的,从本人财产中支付赔偿费用。不足部分,由监护人赔偿。同时,根据该法第18条,成年人为完全民事行为能力人,可以独立实施民事法律行为。16周岁以上的未成年人,以自己的劳动收入为主要生活来源的,视为完全民事行为能力人。

本案中,肖某虽然为限制民事行为能力人,但他有赔偿能力,应当自行赔偿张某的损失。肖某通过做生意积累了一定的财产，足以支付张某的医疗费用。因此，肖某应该用自己的钱支付张某的医疗费用1000元。

法律依据

《中华人民共和国民法典》

第十八条　成年人为完全民事行为能力人，可以独立实施民事法律行为。

十六周岁以上的未成年人，以自己的劳动收入为主要生活来源的，视为完全民事行为能力人。

第一千一百八十八条第二款　有财产的无民事行为能力人、限制民事行为能力人造成他人损害的，从本人财产中支付赔偿费用；不足部分，由监护人赔偿。

24. 饲养的动物造成他人损害的,由谁承担侵权责任?

我没有过错,你们应该赔偿损失!

是你的过错造成的,我们不负责任。

饲养动物致人损害,负的是接近于无过错责任的一种推定过错责任。

案例重现

小风非常喜欢狗，做梦都想养一只狗，这样一方面可以陪伴自己，另一方面可以给生活增添一些乐趣。恰巧，小风的朋友要出国定居，想把饲养的狗交给小风，小风听到这个消息后喜出望外，非常高兴地收留了它。小风每天下班后都会带着狗到楼下的花园散步，由于这只狗长得十分可爱，路人都忍不住停下来逗逗它，它也非常配合大家。谁料，有一次因为狗想要行人小华手里的气球，突然扑向小华，并咬伤了他的手指。小华立即到医院进行检查，打疫苗，花了不少医疗费。之后，小华要求小风承担医疗费，小风拒绝了。

本案中，狗咬伤了行人小华，小华的医疗费应由谁来承担？

法官点评

本案涉及狗咬伤他人，受伤人的医疗费应该由谁来承担的问题。根据我国《民法典》第1245条的规定，饲养的动物造成他人损害的，动物饲养人或者管理人应当承担侵权责任，但能够证明损害是因被侵权人故意或者重大过失造成的，可以不承担或者减轻责任。

本案中，小风的狗为了得到小华手中的气球而突然扑向小华，并咬伤了他的手指。这一过程中不存在小华招惹狗的情况，所以小华是无过错的。小华受的伤是由狗造成的，所以小风作为狗的管理者应该承担小华的医疗费用。

法律依据

《中华人民共和国民法典》

第一千二百四十五条 饲养的动物造成他人损害的，动物饲养人或者管理人应当承担侵权责任；但是，能够证明损害是因被侵权人故意或者重大过失造成的，可以不承担或者减轻责任。

25. 路人被楼上坠落的花盆砸伤，由谁承担责任？

> 把我砸伤的就是从你们家掉下的花盆！

> 花盆的坠落不是我故意造成的，我没有赔偿的责任。

> 建筑物或者其他设施以及建筑物上的搁置物、悬挂物发生脱落、坠落造成他人损害的，它的所有人或者管理人应当承担侵权责任，但能够证明自己没有过错的除外。

案例重现

杨某到朋友杜某家串门，走到小区门口时被楼上坠落的花盆砸伤。小区物业的工作人员发现杨某受伤后，迅速将其送入医院进行治疗。

经过调查，砸中杨某的花盆是 18 层业主李某家的。杨某和家属找到李某，希望李某为此事故承担责任。但是李某认为花盆砸中杨某并非自己主观故意，自己没有义务承担责任。

本案中，李某家的花盆砸中杨某，并给杨某带来伤害，应由谁承担赔偿责任？

法官点评

本案涉及花盆从楼上坠落砸伤路人，花盆的所有者是否应该承担赔偿路人损失的问题。根据我国《民法典》第 1253 条的规定，建筑物、构筑物或者其他设施及其搁置物、悬挂物发生脱落、坠落造成他人损害，所有人、管理人或者使用人不能证明自己没有过错的，应当承担侵权责任。所有人、管理人或者使用人赔偿后，有其他责任人的，有权向其他责任人追偿。

本案中，杨某被坠落的花盆砸伤，这对杨某来说是飞来横祸。花盆的主人李某拒绝赔付杨某，她认为是花盆砸中了杨某，花盆的坠落不是她故意造成的。如果李某能够证明自己没有过错，就可以免除责任。但在本案中，李某既不能证明自己没有过错，也不能证明花盆的坠落是由何外力造成的。因此，按照法律规定，李某应对花盆坠落给他人造成的损害承担赔偿责任。

法律依据

《中华人民共和国民法典》

第一千二百五十三条 建筑物、构筑物或者其他设施及其搁置物、悬挂物发生脱落、坠落造成他人损害，所有人、管理人或者使用人不能证明自己没有过错的，应当承担侵权责任。所有人、管理人或者使用人赔偿后，有其他责任人的，有权向其他责任人追偿。

26 一起玩耍时被他人致伤，在无法确定侵权人是谁的情况下该如何维权？

案例重现

赵某、陈某、孙某、付某四个人是大学同学。某日，四人一起吃饭喝酒。酒后四个人一起到某滑雪场滑雪，玩得非常开心，还打起了雪仗。当赵某、陈某、孙某一起向付某投掷雪球后，付某突然倒地不起，众人急忙将他扶起，发现付某的右眼被雪球击中流血，三人一起把付某送到了附近的医院进行治疗。付某出院后，经鉴定机构鉴定为外伤所致右眼视神经萎缩，十级伤残。付某确定不了当时究竟是谁将雪球砸到了他的眼睛上，而其他三人又都否认将付某致伤。请问这种情况下付某该如何维权？

法官点评

本案涉及共同危险行为不能确定具体侵权行为人时的法律责任问题。对于付某的伤害赔偿，应由赵某、陈某、孙某共同承担连带责任。

共同危险行为又称准共同侵权行为，指两人或两人以上共同实施侵害他人权利的危险行为，并且已造成损害后果，但不能确定损害后果具体是哪一个人的行为所致。在这种情况下，推定各行为人对损害的发生具有共同过错，由共同行为人承担连带赔偿责任。对此，我国《民法典》第1170条作了明确规定："二人以上实施危及他人人身、财产安全的行为，其中一人或者数人的行为造成他人损害，能够确定具体侵权人的，由侵权人承担责任；不能确定具体侵权人的,行为人承担连带责任。"由此说明,在共同加害行为中不能确定具体的加害人时,首先必须确定全体加害人的责任。无论受害人请求一人、数人还是全体行为人承担侵权责任,每一个加害人之间是连带责任关系,他们依照自己的行为再次进行内部区分,但是这都不影响赔偿请求权人要求连带责任人承担责任。

本案中,付某无须证明具体哪一个人对自己实施了侵害行为,只要证明自己是被他人共同所伤即可。赵某、陈某、孙某如果不能证明具体是谁用雪球砸伤了付某,就应认定为共同侵害,对付某的损害承担连带赔偿责任。

法律依据

《中华人民共和国民法典》

第一千一百七十条 二人以上实施危及他人人身、财产安全的行为,其中一人或者数人的行为造成他人损害,能够确定具体侵权人的,由侵权人承担责任;不能确定具体侵权人的,行为人承担连带责任。

27. 他人为伤者垫付的医药费，事后是否可以要求责任方偿还？

案例重现

某晚，下夜班的李某在某商场门前路过时，突然被商场楼顶上掉落下来的巨型广告牌砸倒。李某当场昏迷，正巧被经过此地的刚某发现，刚某立即拨打120将李某送到了附近的某医院进行抢救。虽然送医很及时，但是由于李某头部伤势过重，经抢救无效死亡。刚某替李某垫付了抢救费、医药费等共计5000元。由于李某是由四川来京打工的，在京无亲无故，所以无人偿还刚某垫付的抢救费和医药费。涉事商场多次欲解决此事都没有联系上李某的家人。请问这种情况下，刚某可以要求商场偿还其为李某垫付的医药费吗？

法官点评

本案涉及与侵权行为无关的第三人支付费用后是否有权要求侵权人返还的法律问题。刚某可以要求商场归还其支付的医药费。

侵权行为发生后，如果侵权人逃逸或无支付能力，而被侵权人又必须及时得到救治，其他人可能会代为支付。代为支付人可能是医院、受害人的亲友、实施侵权行为人的亲友等，但也可能是与侵权行为没有关系的第三人。该代为支付人没有理由，也没有义务承担侵权责任。那么当被侵权人因侵权行为死亡时，代为支付人已经支付的医疗费、丧葬费等费用应由谁来承担呢？对此问题，《民法典》第1181条第2款规定："被侵权人死亡的，支付被侵权人医疗费、丧葬费等合理费用的人有权请求侵权人赔偿费用，但是侵权人已经支付该费用的除外。"据此规定，代为支付人可以要求侵权人赔偿该项费用。

本案中，李某被该商场的广告牌砸伤。面对重伤的李某，路过的刚某将其送往医院，并及时支付医药费等费用。虽然李某经抢救无效死亡，但不可否认刚某的行为是一种助人为乐的高尚行为。由于该案件的责任方某商场也主动承担责任，所以刚某可以要求该商场归还其为李某垫付的医药费。

法律依据

《中华人民共和国民法典》

第一千一百八十一条第二款 被侵权人死亡的，支付被侵权人医疗费、丧葬费等合理费用的人有权请求侵权人赔偿费用，但是侵权人已经支付该费用的除外。

28. 为救他人而受到伤害，该由谁来承担相关责任？

案例重现

李军是北京某快递公司的一名快递员。一天，在下班途中，李军发现路边一名四五岁的小孩在母亲锁车门的时候往路中间走过来。当时正巧一辆明显超速的轿车冲着小孩飞奔而来。在这紧急的时刻，李军奋不顾身地冲着小孩扑过去。小孩得救了，李军却被撞伤。过后，李军被送到医院诊治，被确诊为小腿骨折，需要立即实施手术并住院治疗。请问这种情况下，李军的损失该由谁来承担？

法官点评

本案涉及为保护他人人身权益而自己受损害，谁来承担侵权责任的法律问题。李军的人身伤害损失应当由小孩的家长来承担。我国《民法典》第183条规定："因保护他人民事权益使自己受到损害的，由侵权人承担民事责任，受益人可以给予适当补偿。没有侵权人、侵权人逃逸或者无力承担民事责任，受害人请求补偿的，受益人应当给予适当补偿。"由该规定可知，为保护他人人身、财产权益而使自己受到损害的，受害人可以要求侵权行为人承担侵权赔偿责任，没有侵权人、侵权人逃逸或者无力承担民事责任，受害人也可以要求受益人适当补偿。

本案中，李军为防止一个四五岁的小孩被行驶的汽车撞到，自己受到损害。这属于因防止他人民事权益被侵害而使自己受到损害的情形。此案可以根据交通事故程序来进行赔偿。李军可以要求肇事司机承担赔偿责任。如果肇事司机逃逸或者无力承担责任，小孩的家长作为受益人应当给予适当补偿。

法律依据

《中华人民共和国民法典》

第一百八十三条　因保护他人民事权益使自己受到损害的，由侵权人承担民事责任，受益人可以给予适当补偿。没有侵权人、侵权人逃逸或者无力承担民事责任，受害人请求补偿的，受益人应当给予适当补偿。

29 因患者不配合治疗而导致病情加重，是否可以要求医院承担赔偿责任？

案例重现

孙某因发生交通意外事故被送到某骨科医院进行救治。根据孙某的病情，当班医生立刻对其实施手术，将骨折部位予以内固定。医生认为孙某需要继续住院治疗，以便随时观察病情的变化，现在出院的话可能会导致其病情加重。可孙某认为自己的病情根本没有医生说的那么严重，认为医生让其继续住院无非是为了多收住院费用。孙某执意要求出院回家，并签了自愿出院的申请书。回家后不久，孙某手术处内固定物断裂，骨折处错位，患处疼痛加剧，而且出现了伤口化脓的症状。请问这种情况下，孙某是否可以要求医院承担赔偿责任？

法官点评

本案涉及患者不配合治疗导致损害的法律责任承担的问题。患者和医院双方的关系属于医疗合同关系，医院要积极开展诊疗活动，而患者也要积极配合医院的治疗行为。根据我国《医疗事故处理条例》第33条第5项规定，因患方原因延误诊疗导致不良后果的，不属于医疗事故。由此可知，因为患者的原因出现损害结果，不属于医疗事故，患者不能因此主张医院有过错。我国《民法典》第1224条规定，患者或者其近亲属不配合医疗机构进行符合诊疗规范的诊疗，发生损害的，医疗机构不承担赔偿责任。由此可见，如果因为患者或其家属不配合治疗导致损害结果发生，且医疗机构与医务人员已经尽到说明、劝说义务,没有其他过错的,医务人员和医疗机构不承担赔偿责任。

本案中,医生已向孙某说明伤势、治疗方案,并如实告知其不及时治疗的后果。由于孙某坚持不接受医生提出的手术治疗方案,从而延误治疗,导致病情加重,整个过程中医院方面并无过错,因此,孙某病情加重的责任应由其自负。

法律依据

《中华人民共和国民法典》

第一千二百二十四条 患者在诊疗活动中受到损害,有下列情形之一的,医疗机构不承担赔偿责任:

(一)患者或者其近亲属不配合医疗机构进行符合诊疗规范的诊疗;

(二)医务人员在抢救生命垂危的患者等紧急情况下已经尽到合理诊疗义务;

(三)限于当时的医疗水平难以诊疗。

前款第一项情形中,医疗机构或者其医务人员也有过错的,应当承担相应的赔偿责任。

《医疗事故处理条例》

第二条 本条例所称医疗事故,是指医疗机构及其医务人员在医疗活动中,违反医疗卫生管理法律、行政法规、部门规章和诊疗护理规范、常规,过失造成患者人身损害的事故。

第三十三条 有下列情形之一的,不属于医疗事故:

……

(五)因患方原因延误诊疗导致不良后果的;

……

30 患者是否可以要求医生根据实际病情需要开检查单？

案例重现

张女士在家擦玻璃的时候不慎将右臂摔伤，后经某医院确诊为小臂骨折，并进行了内固定手术。出院一个月后，张女士遵照医嘱来到该医院骨科门诊进行复查。当班医生石某为张女士开了核磁检查单要求其做检查。张女士认为，自己的受伤部位在治疗期间始终拍的是 X 光片，在出院记录上医院也证实骨折部位愈合良好，这些可以证明通过拍 X 光片足以检查愈合情况，没有必要去做核磁检查。核磁检查的费用要远远高于拍 X 光片检查的费用。请问，患者是否可以要求医生根据实际病情需要开检查单？

法官点评

本案涉及过度医疗的法律问题，张女士可以要求医生根据实际病情需要开检查单。患者到医院就医，就同医院建立了医疗服务合同关系，双方都应全面履行合同义务。我国《执业医师法》第 22 条第 2 项规定，医生有树立敬业精神，遵守职业道德，履行医师职责，尽职尽责为患者服务的义务。医生应从实际出发，对患者采用合理适当的治疗措施，不得利用医患双方关于医疗设备使用上的信息不对称和医疗知识掌握上的不对称，为了减轻自己的责任或者出于某种目的而实施加重患者经济负担的过度医疗行为，侵害患者的经济利益。

同时，我国《民法典》第 1227 条规定："医疗机构及其医务人员不得违反诊疗规范实施不必要的检查。"如果医务人员没有实施合理的诊疗行为，进行了过度检查等行为，医疗机构应当退回不必要的费用。如果造成患者其他损害，医疗机构还要承担赔偿责任。

本案中，张女士在该院住院治疗过程中拍的都是 X 光片，而且出院时出院记录也证实骨折部位愈合良好，对于张女士一个月后的复查，该院应该依据张女士病情的实际需要开检查单。

法律依据

《中华人民共和国民法典》

第一千二百二十七条　医疗机构及其医务人员不得违反诊疗规范实施不必要的检查。

《中华人民共和国执业医师法》

第二十二条　医师在执业活动中履行下列义务：

……

（二）树立敬业精神，遵守职业道德，履行医师职责，尽职尽责为患者服务；

……

31 在火车站台上候车时不慎跌落被火车撞伤，该由谁来承担赔偿责任？

📞 案例重现

张大娘准备去北京，找在那里打工的儿子团聚，安度晚年。由于张大娘是第一次出远门，以前从未坐过火车，在火车站台上候车时，看到站台上人山人海，火车汽笛鸣叫，张大娘顿时头晕目眩栽下站台，被火车撞伤。火车站的工作人员立即叫来救护车将张大娘送到医院进行救治。经过医务人员的及时救治，张大娘虽然保住了性命，但由于她年龄较大且伤势严重，变成了植物人，需要在重症监护室内进行长时间的住院观察。请问这种情况下，该由谁来承担对张大娘的赔偿责任？

⚫ 法官点评

本案涉及使用高速轨道运输工具侵权赔偿的法律问题，张大娘的家属可以要求火车站进行相关费用的赔偿。

我国《民法典》第1240条规定："从事高空、高压、地下挖掘活动或者使用高速轨道运输工具造成他人损害的，经营者应当承担侵权责任；但是，能够证明损害是因受害人故意或者不可抗力造成的，不承担责任。被侵权人对损害的发生有重大过失的，可以减轻经营者的责任。"使用高速运输工具致人损害，其经营人并不一定都应当承担侵权责任。如果能够证明损害是由受害人故意所为或是因为不可抗力造成的，经营人可以不承担侵权责任。被侵权人对损害的发生有过失的，可以减轻经营人的责任。

本案中，张大娘在火车站台候车时不慎跌落，造成被列车撞伤，成了植物人的惨痛结果。张大娘的行为并无故意，且不存在不可抗力，所以铁路部门不能免责。但由于张大娘没有遵守站台关于安全线、"禁止跳下"以及《乘客须知》等安全警示的规定，自身存在过失，依法可以减轻铁路部门作为经营人的责任，由铁路部门承担部分责任。

法律依据

《中华人民共和国民法典》

第一千二百四十条　从事高空、高压、地下挖掘活动或者使用高速轨道运输工具造成他人损害的，经营者应当承担侵权责任；但是，能够证明损害是因受害人故意或者不可抗力造成的，不承担责任。被侵权人对损害的发生有重大过失的，可以减轻经营者的责任。

32. 遭遇空难后，可以参照遇难人员生前职业的收入标准要求赔偿吗？

案例重现

姚某准备在某国举办自己的个人演唱会。2020年4月，姚某和助理陈某乘坐某航班飞往该国。可在途中，由于飞机设备突发异常，发生了坠机事故。姚某和陈某不幸遇难。事后，航空公司按照相关规定赔偿姚某、陈某各40万元，可姚某的家属认为航空公司的赔付不合理。姚某生前是知名歌星，属于高收入人群，航空公司应该参照姚某生前职业的收入进行赔偿，而不应该和他人一样赔偿40万元。请问，姚某家属的要求是否合理？

法官点评

本案涉及航空运输承运人赔偿责任限额的法律问题。姚某家属的要求不符合法律的规定，该航空公司对遇难者按赔偿限额支付赔偿款是合法的。

航空运输承运人赔偿责任限额是指，承运人对于航空运输中发生的损害承担赔偿责任的金额是有限度的。承运人在规定的限额内，按照造成的实际损害负责赔偿，实际损害超过限额的部分则不予赔偿。我国《民用航空法》第128条第1款规定："国内航空运输承运人的赔偿责任限额由国务院民用航空主管部门制定，报国务院批准后公布执行。"其具体内容由我国《国内航空运输承运人赔偿责任限额规定》第3条规定：（一）对每名旅客的赔偿责任限额为人民币40万元；（二）对每名旅客随身携带物品的赔偿责任限额为人民币

3000 元；（三）对旅客托运的行李和对运输的货物的赔偿责任限额，为每公斤人民币 100 元。

关于赔偿责任限额，我国《民法典》第 1244 条规定："承担高度危险责任，法律规定赔偿限额的，依照其规定，但是行为人有故意或者重大过失的除外。"由此可见，若行为人无故意或重大过失，高度危险责任人在赔偿时可以参照其他法律关于赔偿限额的规定。本案中，姚某在空难中遇难，航空公司在对其进行赔偿时可以直接依据《国内航空运输承运人赔偿责任限额规定》赔偿 40 万元，其生前从事职业的收入是不能作为赔偿金参照标准的。

法律依据

《中华人民共和国民法典》

第一千二百四十四条 承担高度危险责任，法律规定赔偿限额的，依照其规定，但是行为人有故意或者重大过失的除外。

《中华人民共和国民用航空法》

第一百二十八条第一款 国内航空运输承运人的赔偿责任限额由国务院民用航空主管部门制定，报国务院批准后公布执行。

《国内航空运输承运人赔偿责任限额规定》

第三条 国内航空运输承运人（以下简称承运人）应当在下列规定的赔偿责任限额内按照实际损害承担赔偿责任，但是《民用航空法》另有规定的除外：

（一）对每名旅客的赔偿责任限额为人民币 40 万元；

（二）对每名旅客随身携带物品的赔偿责任限额为人民币 3000 元；

（三）对旅客托运的行李和对运输的货物的赔偿责任限额，为每公斤人民币 100 元。

第 3 章

日常消费法律常识

33 超市对顾客搜身,顾客该如何维权?

你们凭什么要对我搜身?

因为电子报警器响了,你肯定偷拿了超市的东西。

人格尊严是法律赋予公民的一项基本权利,神圣不可侵犯。

案例重现

某日，小李到超市采购接下来一周的生活用品和食物。看着满满当当的货架，小李很快就挑选了一购物车的货物。当小李推着装得满满的购物车在结算通道结完账向门口走去时，超市门口的电子报警器突然响了起来。超市保安听到报警声即刻赶到，小李也被警铃声吓了一跳。保安对小李进行问话，小李坚决说自己没有偷拿超市的东西。但是小李一次次通过门口，报警铃一次次响起。

于是，超市保安失去了耐性，让小李推着货物来到休息室。保安要求对小李所购货物和随身携带的背包、口袋进行检查。小李认为，搜身检查是对顾客的不尊重，是对自己人格的侮辱，不同意搜身。小李提出，保安可以调出监控录像，看自己是否有偷拿货物的行为。但是保安不听小李的意见，强行对小李搜身，却什么也没有搜出来，后来证明是报警器出了问题。小李对此感到非常气愤。

本案中，超市对小李强行搜身无果，小李该如何维权？

法官点评

本案涉及消费者在购物时受到卖方非法搜身，该如何维护自身权利的问题。根据我国《消费者权益保护法》第27条和第50条的规定，经营者不得对消费者进行侮辱、诽谤，不得搜查消费者的身体及其携带的物品，不得侵犯消费者的人身自由；经营者侵害消费者的人格尊严、侵犯消费者人身自由或者侵害消费者个人信息依法得到保护的权利的，应当停止侵害、恢复名誉、消除影响、赔礼道歉，并赔偿损失。

本案中，小李在通过超市门口时，报警铃响起，保安强行对小李进行搜身，但并没有发现小李私藏超市的货物。同时，保安对小李提出看超市监控录像的建议置之不理，搜身这一行为严重侵犯了小李的人格尊严。为了维护自身的合法权益，小李可以向这家超市索要精神赔偿。如果超市不给，小李可以向人民法院提起诉讼。

法律依据

《中华人民共和国消费者权益保护法》

第十四条　消费者在购买、使用商品和接受服务时，享有人格尊严、民族风俗习惯得到尊重的权利，享有个人信息依法得到保护的权利。

第二十七条　经营者不得对消费者进行侮辱、诽谤，不得搜查消费者的身体及其携带的物品，不得侵犯消费者的人身自由。

第五十条　经营者侵害消费者的人格尊严、侵犯消费者人身自由或者侵害消费者个人信息依法得到保护的权利的，应当停止侵害、恢复名誉、消除影响、赔礼道歉，并赔偿损失。

34 照相馆将电子版照片文件丢失,是否应承担责任?

你们弄丢我的电子版照片并且没能按时冲洗,破坏了我的计划,应该赔偿我精神损失。

可是我们给你的收据上是写了免责条款的。

格式条款中的限制责任条款对消费者没有法律约束力,应当归于无效。

案例重现

小芳想将婚礼上照的经典的电子版照片印成纸质的照片，以便随时翻看，于是把电子版照片拿到照相馆。照相馆根据小芳的需求将电子版的照片复制到电脑上，承诺三天后可以出片，同时让小芳在预付款的收据上签字，收据单上写有"如遇意外损坏或遗失，消费者需无偿提供电子版原片"的字样。

三天后，小芳来取相片，但是照相馆称，电子版照片不小心被删除了，没办法给小芳冲洗，需要小芳再次提供电子版照片。小芳觉得照相馆没有按时出片，破坏了自己的计划，应该赔偿其精神损失。照相馆引用收据上的免责条款拒不赔偿。

本案中，照相馆将顾客电子版照片文件丢失，是否应承担责任？

法官点评

本案涉及照相馆让顾客签订的免责条款是否有法律效力，同时，是否对电子版照片丢失导致无法按时出片承担责任的问题。根据我国《民法典》第496条的规定，格式条款具有该法第1编第6章第3节和第506条规定情形的，或者提供格式条款一方不合理地免除或减轻其责任、加重对方责任、限制或排除对方主要权利的，该条款无效。同时，根据我国《消费者权益保护法》第26条第2款、第3款的规定，经营者不得以格式条款、通知、声明、店堂告示等方式，作出排除或者限制消费者权利、减轻或者免除经营者责任、加重消费者责任等对消费者不公平、不合理的规定，不得利用格式条款并借助技术手段强制交易。格式条款、通知、声明、店堂告示等含有前款所列内容的，其内容无效。

本案中，照相馆让小芳签订的收据属于格式合同中的限制责任条款，它对消费者是没有法律约束力的，应当归于无效。同时，小芳的电子版照片是由于照相馆单方面责任丢失而无法按照约定的时间完成工作,导致小芳的计划落空,这伤害了小芳的感情,照相馆的行为属违约行为,小芳有权要求赔偿。

法律依据

《中华人民共和国民法典》

第四百九十六条 格式条款是当事人为了重复使用而预先拟定,并在订立合同时未与对方协商的条款。

采用格式条款订立合同的,提供格式条款的一方应当遵循公平原则确定当事人之间的权利和义务,并采取合理的方式提示对方注意免除或者减轻其责任等与对方有重大利害关系的条款,按照对方的要求,对该条款予以说明。提供格式条款的一方未履行提示或者说明义务,致使对方没有注意或者理解与其有重大利害关系的条款的,对方可以主张该条款不成为合同的内容。

第四百九十七条 有下列情形之一的,该格式条款无效:

(一)具有本法第一编第六章第三节和本法第五百零六条规定的无效情形;

(二)提供格式条款一方不合理地免除或者减轻其责任、加重对方责任、限制对方主要权利;

(三)提供格式条款一方排除对方主要权利。

第一千一百八十三条 侵害自然人人身权益造成严重精神损害的,被侵权人有权请求精神损害赔偿。

因故意或者重大过失侵害自然人具有人身意义的特定物造成严重精神损害的,被侵权人有权请求精神损害赔偿。

《中华人民共和国消费者权益保护法》

第二十六条 经营者在经营活动中使用格式条款的,应当以显著方式提请消费者注意商品或者服务的数量和质量、价款或者费用、履行期限和方式、安全注意事项和风险警示、售后服务、民事责任等与消费者有重大利害关系的内容,并按照消费者的要求予以说明。

经营者不得以格式条款、通知、声明、店堂告示等方式,作出排除或者限制消费者权利、减轻或者免除经营者责任、加重消费者责任等对消费者不公平、不合理的规定,不得利用格式条款并借助技术手段强制交易。

格式条款、通知、声明、店堂告示等含有前款所列内容的,其内容无效。

《最高人民法院关于确定民事侵权精神损害赔偿责任若干问题的解释》

第一条　因人身权益或者具有人身意义的特定物受到侵害,自然人或者其近亲属向人民法院提起诉讼请求精神损害赔偿的,人民法院应当依法予以受理。

35. 消费者被超市电梯挤伤,谁来承担责任?

你们的电梯挤伤了我儿子,存在安全隐患,应当进行赔偿。

是因为你照顾得不好孩子才受伤的,我们没有过错。

商场对其经营场所负有安全保障义务,因此,应承担赔偿责任,但没有尽到监护责任的监护人也有一定过错,可适当减轻商场的赔偿责任。

案例重现

一天，6岁的小军跟爸爸去逛超市。超市设在某商场的五楼，需要坐电梯上楼。恰逢当天是周末，去超市的人特别多，电梯也特别难等。为了避免人多挤到小军，爸爸让其他人先进入电梯后才让小军进电梯。当小军一只脚刚迈进电梯时，电梯门突然关上夹住了小军。当电梯内的人将电梯门再次打开时，发现小军的头部流血了，电梯挤伤了小军的头。小军爸爸立即将小军送到医院检查，小军的手臂和头部都被电梯门挤伤了，住院治疗了一周，医疗费花了5000元。小军的爸爸要求商场进行赔偿，但商场认为，是小军爸爸没有照顾好小军才导致其受伤的，商场无过错，没有义务对小军的医疗费用进行赔偿。

本案中，超市电梯将小军挤伤，其医疗费用应由谁来承担？

法官点评

商场应当赔偿小军的人身损害。根据《消费者权益保护法》第18条的规定，商场对其经营场所负有提供安全保障的义务。商场的电梯挤伤了消费者，这说明电梯存在安全隐患，商场没有尽到安全保障义务。同时，本案中，6岁的小军在进电梯时被电梯门挤伤而造成伤害，根据其年龄、智力等因素来判断，显然不是出于故意或重大过失。因此，本案中的商场应当承担赔偿责任。但是小军只有6岁，还是一个无民事行为能力人，他的爸爸没有尽到监护职责，也有一定的过错，可以适当减轻商场的赔偿责任。

法律依据

《中华人民共和国消费者权益保护法》

第十八条 经营者应当保证其提供的商品或者服务符合保障人

身、财产安全的要求。对可能危及人身、财产安全的商品和服务，应当向消费者作出真实的说明和明确的警示，并说明和标明正确使用商品或者接受服务的方法以及防止危害发生的方法。

宾馆、商场、餐馆、银行、机场、车站、港口、影剧院等经营场所的经营者，应当对消费者尽到安全保障义务。

36. 饭店是否应对顾客用餐时丢失物品承担责任？

案例重现

一天，肖某和朋友赵某到一家火锅店吃火锅。该火锅店的生意非常红火，顾客很多，桌椅摆放得也十分紧凑。肖某和赵某对这家火锅店情有独钟，吃得非常开心，注意力也一直在桌上的美味上，丝毫没有关注放在桌角的背包。当肖某和赵某吃得饱饱的准备去收银台结账时，突然发现背包不翼而飞。肖某认为，背包肯定是吃饭时有人趁他们不注意顺手拿走了。肖某要求饭店赔偿自己丢失物品的损失，饭店拒不赔偿，称饭店内的墙壁上贴有显眼的告示，因此，已经尽到提醒顾客的义务，没有责任对丢失东西负责。但是肖某认为，饭店并没有维护好就餐人员的财产安全，应该承担责任。

本案中，肖某的背包在就餐时丢失，饭店应该承担责任吗？

法官点评

本案涉及消费者在消费过程中，财产安全受到了损害，饭店是否承担赔偿责任的问题。根据我国《消费者权益保护法》第7条的规定，消费者在购买、使用商品和接受服务时享有人身、财产安全不受损害的权利。消费者有权要求经营者提供的商品和服务，符合保障人身、财产安全的要求。也就是说，经营者在为消费者提供商品和服务时，有保障消费者人身、财产安全的义务。但这并不意味着任何经营者都必须无条件地对顾客随身携带的物品承担保管义务。通常情况下，法律或相关法规没有明确规定饭店须为顾客保管财物，而且顾客在用餐时工作人员也没有为顾客保管财物的义务。事实上，顾客随身携带的财物在自己视力所及的范围之内，保管自己的财物是人之常情，这一点对于饭店来说也是一种惯常做法。

本案中，肖某的背包在就餐过程中放在了桌角，是在自己的视线范围内丢失的，他由于丧失了警惕性没有关注背包的安全问题。

同时该饭店在店内墙壁多处显眼位置标示"请顾客注意随身携带的财物",很明显该饭店已经尽到提醒义务,不存在过错。因此,饭店既没有违反法定义务,也没有违反约定义务。本案中,饭店不用承担肖某背包丢失的赔偿责任。

法律依据

《中华人民共和国消费者权益保护法》

第七条 消费者在购买、使用商品和接受服务时享有人身、财产安全不受损害的权利。

消费者有权要求经营者提供的商品和服务,符合保障人身、财产安全的要求。

37. 网上购物给差评被网店店主骚扰应向哪个法院起诉？

你可以向法院起诉他。

我在某网站上购买的皮鞋质量有问题，我退货并给了差评后，网店店主便不断骚扰并诽谤我。

若网店老板侮辱、诽谤买家，买家可以选择向侵权结果发生地法院或侵权店主住所地法院其中任一法院起诉。

案例重现

王某在某购物网站上购买了一双价值不菲的皮鞋，下单后一直期待着有一次愉快的购物体验。可是，当王某收到皮鞋后，发现一只鞋帮已经裂开，王某立即跟网店店主反映皮鞋有质量问题，要求退换货。但是店主不承认自家鞋有问题，当王某将照片发给店主后，店主才不情愿地同意换货。之后，王某在进行评价时对皮鞋质量给了差评。随后，网店店主打电话要求王某修改评价，王某称不会修改，要实事求是。由于王某坚持自己的立场，网店店主经常电话骚扰王某，甚至恶言相向，威胁王某必须修改评价。王某对店主的行为难以忍受，想起诉他，但又不知道该向哪个法院起诉。那么，王某该向哪个法院起诉呢？

法官点评

本案涉及消费者对网络消费不满意，给卖家差评招致卖家侮辱、诽谤而维权时应向哪个法院起诉的问题。根据《民事诉讼法》第28条的规定，因侵权提起的诉讼，由侵权行为地或者被告住所地人民法院管辖。同时，《最高人民法院关于适用〈中华人民共和国民事诉讼法〉的解释》又规定，侵权行为实施地和侵权结果发生地就是侵权行为地。并且，涉及信息网络侵权行为的，侵权行为实施地包括实施被诉侵权行为的计算机等信息设备所在地，侵权结果发生地包括被侵权人住所地。由此可见，网络侵权案件中，侵权行为实施地，侵权结果发生地，被告住所地或者受侵权的公民、法人和其他组织的住所地法院均有管辖权，并且管辖权没有顺序的选择限制，原告可以选择其中任一法院起诉。

本案中，王某收到的鞋子存在质量问题，王某根据实际情况对其质量给了差评，店主一再要求王某更改评价无果后，对王某恶言相向，侮辱、诽谤王某。店主通过电话骚扰进行的侵权行为，王某可以选择向侵权结果发生地法院或者侵权的店主住所地法院其中任一法院起诉。

法律依据

《中华人民共和国民事诉讼法》

第二十八条 因侵权行为提起的诉讼，由侵权行为地或者被告住所地人民法院管辖。

《最高人民法院关于适用〈中华人民共和国民事诉讼法〉的解释》

第二十四条 民事诉讼法第二十八条规定的侵权行为地，包括侵权行为实施地、侵权结果发生地。

第二十五条 信息网络侵权行为实施地包括实施被诉侵权行为的计算机等信息设备所在地，侵权结果发生地包括被侵权人住所地。

38 以普通蛋糕冒充品牌蛋糕，可以要求店家赔偿吗？

案例重现

多年来，王某一直是好利来品牌蛋糕店的忠实消费者。由于以前王某小区附近没有这个品牌的门店，王某通常是到市区购买。当王某看到家附近有了这个品牌的门店时非常高兴，因为可以随时品尝到香甜的蛋糕了。新店一开业，王某就迫不及待地买了自己最爱的蛋糕。但是拿回家吃的时候发现口味变了，王某觉得可能是通过新配方研发的新口味蛋糕。但是王某之后几次购买了不同的蛋糕，发现口感都有差异。后来王某得知，这家店只是在形式上模仿了品牌蛋糕店，蛋糕的价格、品类都和品牌店一样，但是工艺全是虚假的，这家店是冒牌的。王某发现自己上当受骗后，便要求该店进行赔偿。

本案中，该蛋糕店冒充品牌蛋糕店欺骗消费者，消费者可以要求赔偿吗？

法官点评

本案涉及蛋糕店冒充品牌蛋糕店欺骗消费者，消费者能否要求蛋糕店进行赔偿的问题。根据我国《消费者权益保护法》的相关规定：消费者享有知悉其购买、使用的商品或者接受的服务的真实情况的权利；消费者享有公平交易的权利；经营者提供商品或者服务有欺诈行为的，应当按照消费者的要求增加赔偿其受到的损失，增加赔偿的金额为消费者购买商品的价款或者接受服务的费用的3倍；增加赔偿的金额不足500元的，为500元。

本案中，王某家附近开设的蛋糕店并非品牌蛋糕店，其出售的蛋糕在价格和品类上和品牌蛋糕店是一样的，但口感和质量存在着明显的差别，其隐瞒了商品的真实情况，这种行为属于欺骗消费者的行为。该蛋糕店应当承担退货、退款等责任。王某可以根据法律规定要求该蛋糕店进行赔偿。

法律依据

《中华人民共和国消费者权益保护法》

第八条 消费者享有知悉其购买、使用的商品或者接受的服务的真实情况的权利。

消费者有权根据商品或者服务的不同情况,要求经营者提供商品的价格、产地、生产者、用途、性能、规格、等级、主要成份、生产日期、有效期限、检验合格证明、使用方法说明书、售后服务,或者服务的内容、规格、费用等有关情况。

第十条 消费者享有公平交易的权利。

消费者在购买商品或者接受服务时,有权获得质量保障、价格合理、计量正确等公平交易条件,有权拒绝经营者的强制交易行为。

第五十五条第一款 经营者提供商品或者服务有欺诈行为的,应当按照消费者的要求增加赔偿其受到的损失,增加赔偿的金额为消费者购买商品的价款或者接受服务的费用的三倍;增加赔偿的金额不足五百元的,为五百元。法律另有规定的,依照其规定。

39 打折的商品质量出现问题怎么办？

案例重现

中秋节期间，王小姐去一家商场购物，正赶上节假日某品牌搞活动，所有衣服半价。因此，一件原价500元的衣服，王小姐仅以250元就买到了。但没想到的是，衣服穿了不到一个月就出现了质量问题。王小姐非常生气，心想这衣服虽然是打折买到的，但是也花了不少钱。于是，王小姐来到商场找到该品牌服装店并要求其换货，但是该服装店店员说王小姐买的衣服不在退换货的范围内，原因是王小姐买该衣服的时候正处于打折季，王小姐并不是以原价买的衣服，而是以打折价钱买的，但是现在该衣服打折的活动已经结束，所以王小姐的衣服不能退换货。听到这话，王小姐更加愤怒，要求该店经理出来解决此事，但是该店经理的说法和店员是一样的，总之一句话：不能退换货。那么，王小姐在打折期间买的衣服真的不能退换货吗？

法官点评

很多大型商厦的打折商品出现质量问题，消费者要求退换货时，商家的做法几乎如出一辙：打折的商品不在退换货的范围内。

折扣其实是商家与消费者订立的一种契约关系。根据我国《消费者权益保护法》第23条及第24条的规定，无论是按原价还是折扣价买的商品，经营者都应当保证其提供的商品具有相应的质量、性能、用途等，按国家规定承担"三包"责任是经营者的法定义务。

如果符合"三包"退货条件的，消费者要求退货，经营者应当全额退款。根据我国《消费者权益保护法》第10条的规定，消费者享有公平交易的权利。也就是说，消费者在购买商品或者接受服务时，有权获得质量合格、价格合理、计量正确等公平交易条件，有权拒绝经营者的强制交易行为。因此，商场不给王小姐退换货是侵犯消费者权益的行为，王小姐可以投诉该商场。

法律依据

《中华人民共和国消费者权益保护法》

第十条 消费者享有公平交易的权利。

消费者在购买商品或者接受服务时，有权获得质量保障、价格合理、计量正确等公平交易条件，有权拒绝经营者的强制交易行为。

第二十三条第一款 经营者应当保证在正常使用商品或者接受服务的情况下其提供的商品或者服务应当具有的质量、性能、用途和有效期限；但消费者在购买该商品或者接受该服务前已经知道其存在瑕疵，且存在该瑕疵不违反法律强制性规定的除外。

第二十四条 经营者提供的商品或者服务不符合质量要求的，消费者可以依照国家规定、当事人约定退货，或者要求经营者履行更换、修理等义务。没有国家规定和当事人约定的，消费者可以自收到商品之日起七日内退货；七日后符合法定解除合同条件的，消费者可以及时退货，不符合法定解除合同条件的，可以要求经营者履行更换、修理等义务。

依照前款规定进行退货、更换、修理的，经营者应当承担运输等必要费用。

40 网购的"正品"与专柜里卖的不一样该怎么办？

案例重现

韩剧《来自星星的你》曾引来不少粉丝的喜爱，同时也有很多女生对剧中女主人公千颂伊的服装非常喜欢，因此，有网店便出售千颂伊同款服装，并且说是"正品，三件包邮"。于是，喜欢千颂伊的刘女士一下子在网上买了三件千颂伊同款的衣服。但刘女士收到衣服后却发现没有吊牌，她也没有多想，结果洗的时候衣服掉色非常严重，她这才明白自己被骗了。刘女士立刻找到店主理论，要求退货，但是店主以衣服洗过为由拒绝退货。刘女士没有办法，只能和店主协商更换衣服，店主说换可以，但是邮费只能由刘女士自己垫付。刘女士该怎么办呢？

法官点评

我国《消费者权益保护法》第 23 条第 2 款规定："经营者以广告、产品说明、实物样品或者其他方式表明商品或者服务的质量状况的，应当保证其提供的商品或者服务的实际质量与表明的质量状况相符。"也就是说，商家对商品的描述是什么样的，就应该保障其售出的商品与其描述的一致，不能弄虚作假。在本案中，商家说衣服是正品，那就应该是正品，如果不是正品，商家应该承担相应的法律责任。

此外，我国《消费者权益保护法》第 20 条第 1 款还规定："经营者向消费者提供有关商品或者服务的质量、性能、用途、有效期限等信息，应当真实、全面，不得作虚假或者引人误解的宣传。"本案中，商家称自己的衣服是正品，但刘女士买到手后发现自己所购买的衣服根本不是什么正品。因此，刘女士可以依据《消费者权益保护法》第 55 条第 1 款的规定，要求商家增加赔偿自己受到的损失，承担这件商品价款 3 倍的赔偿金额，如果增加赔偿的金额不足 500 元的，为 500 元。

法律依据

《中华人民共和国消费者权益保护法》

第二十条第一款 经营者向消费者提供有关商品或者服务的质量、性能、用途、有效期限等信息，应当真实、全面，不得作虚假或者引人误解的宣传。

第二十三条第二款 经营者以广告、产品说明、实物样品或者其他方式表明商品或者服务的质量状况的，应当保证其提供的商品或者服务的实际质量与表明的质量状况相符。

第五十五条第一款 经营者提供商品或者服务有欺诈行为的，应当按照消费者的要求增加赔偿其受到的损失，增加赔偿的金额为消费者购买商品的价款或者接受服务的费用的三倍；增加赔偿的金额不足五百元的，为五百元。法律另有规定的，依照其规定。

41 用现金券购买的商品出现质量问题，怎么办？

案例重现

小丽是个网购达人，尤其是化妆品，都是在某网上商城购买的。也正因此，小丽获得了某网上商城的白金会员称号，并得到许多现金券。今年4月份，小丽在该商城相中一套化妆品，价值400元，想到正好自己有不少现金券，便在使用了200元现金券并支付了200元现金后把该套化妆品买了下来。付款后，小丽第三天就收到化妆品，非常开心，但是使用该化妆品不到一星期脸上出了好多小红疙瘩。一开始小丽也没有多想，以为新的化妆品刚开始用不适应，过一阵就好了，可是脸上的小疙瘩越来越严重，小丽便托朋友对该化妆品进行检测，这时才发现买的是假货。于是，小丽找到该商城客服说明情况后要求退货并赔偿自己的损失，但是客服说该商品是小丽用现金券买的，不能退货。请问，小丽该怎么办？

法官点评

我国《消费者权益保护法》第24条规定："经营者提供的商品或者服务不符合质量要求的，消费者可以依照国家规定、当事人约定退货，或者要求经营者履行更换、修理等义务。没有国家规定和当事人约定的，消费者可以自收到商品之日起七日内退货；七日后符合法定解除合同条件的，消费者可以及时退货，不符合法定解除合同条件的，可以要求经营者履行更换、修理等义务。依照前款规定进行退货、更换、修理的，经营者应当承担运输等必要费用。"

本案中，化妆品属于国家规定的"三包"商品，销售商应当承担"三包"责任，负责修理、更换、退货。用现金券购买的商品也享受现行的退换货政策和保障。当现金券购买的商品发生整单退货时，系统将自动退还购买该商品时使用的现金券，同时现金券的有效期不变；当现金券购买的商品发生换货及部分退货时，账户现金券的有效期自动更新。同时，我国《部分商品修理更换退货责任规定》第9条规定："产品自售出之日起7日内，发生性能故障，消费者可以选择退货、换货或修理。退货时，销售者应当按发票价格一次退清货款，然后依法向生产者、供货者追偿或者按购销合同办理。"买家小丽购买化妆品在使用不到一星期后脸上就出现疙瘩，当小丽要求退货时，客服以"用现金券买的，不能退货"为由拒绝退货是没有任何法律依据的。卖家应依法为小丽办理退换货。

法律依据

《中华人民共和国消费者权益保护法》

第二十四条　经营者提供的商品或者服务不符合质量要求的，消费者可以依照国家规定、当事人约定退货，或者要求经营者履行更换、修理等义务。没有国家规定和当事人约定的，消费者可以自收到商品之日起七日内退货；七日后符合法定解除合同条件的，消费者可以及时退货，不符合法定解除合同条件的，可以要求经营者履行更换、修理等义务。

依照前款规定进行退货、更换、修理的，经营者应当承担运输等必要费用。

《部分商品修理更换退货责任规定》

第九条　产品自售出之日起7日内，发生性能故障，消费者可以选择退货、换货或修理。退货时，销售者应当按发票价格一次退清货款，然后依法向生产者、供货者追偿或者按购销合同办理。

42. 退换货物产生的快递费用，应该由谁承担？

案例重现

冯女士在网上买了一款手机，在下订单的时候，冯女士跟卖家说要白色的。过了几天，冯女士收到手机后却发现是黑色的。于是，冯女士在网上联系卖家，希望能换一款白色的手机，卖家答应了冯女士的要求，但表示换手机产生的快递费用应由冯女士承担。冯女士不解，在下订单的时候明明已经说清楚了要白色的，是卖家发错货物，为什么快递费还要自己承担呢？冯女士和卖家沟通，卖家又说查清楚会联系冯女士。结果，一星期过去了，卖家也没联系冯女士，冯女士在网上也联系不到卖家。那么，退换货物产生的快递费用，应该由谁承担呢？

法官点评

我国《民法典》第510条规定："合同生效后，当事人就质量、价款或者报酬、履行地点等内容没有约定或者约定不明确的，可以协议补充；不能达成补充协议的，按照合同相关条款或者交易习惯确定。"本案中，对于换手机的费用负担问题，卖家与冯女士在合同里并没有约定。既然合同条款中没有约定快递费用的承担问题，冯女士与卖家也不能达成一致的意见，那么应该怎么处理呢？根据我国《民法典》第511条的规定，当事人就有关合同内容约定不明确，依照该法第510条的规定仍不能确定的，适用下列规定：……（6）履行费用的负担不明确的，由履行义务一方负担；因债权人原因增加的履行费用，由债权人负担。因此，卖家作为义务方，同时是导致货物发错的责任方，应该承担换手机的快递费用。

法律依据

《中华人民共和国民法典》

第五百一十条　合同生效后，当事人就质量、价款或者报酬、履行地点等内容没有约定或者约定不明确的，可以协议补充；不能达成补充协议的，按照合同相关条款或者交易习惯确定。

第五百一十一条　当事人就有关合同内容约定不明确，依据前条规定仍不能确定的，适用下列规定：

……

（六）履行费用的负担不明确的，由履行义务一方负担；因债权人原因增加的履行费用，由债权人负担。

43 因受虚假广告诱导购买洗发水造成人身伤害的，谁承担责任？

案例重现

张小姐下班回家，路上有人给她发了一张宣传单，上面写着某品牌洗发水正在搞活动，"买一赠二"。张小姐想到家里的洗发水也快没了，赶上搞活动便宜，就买了一瓶，同时也得到了两瓶赠品。经过几天的使用，张小姐感觉头发越来越干枯，脱发严重，张小姐起初也没有在意。又过了一段时间，张小姐感觉浑身不适，头晕、恶心，后来到医院检查确定是使用该洗发水导致的。于是，张小姐去当时促销的地方找该促销人员，但早已是人去摊空。张小姐便以广告为虚假宣传为由要求广告公司承担赔偿责任，但是广告公司声称不知广告为虚假宣传，拒绝了张小姐的索赔要求。请问，张小姐应该找谁承担责任？

法官点评

案例中，广告发布者应当承担赔偿责任。根据我国《消费者权益保护法》第45条的规定，消费者因经营者利用虚假广告或者其他虚假宣传方式提供商品或者服务，其合法权益受到损害的，可以向经营者要求赔偿。广告经营者、发布者不能提供经营者的真实名称、地址和有效联系方式的，应当承担赔偿责任。据此，当广告发布者不能提供经营者有效信息致使张小姐无法维权时，广告发布者应对张小姐的损失承担赔偿责任。

法律依据

《中华人民共和国消费者权益保护法》

第四十五条第一款 消费者因经营者利用虚假广告或者其他虚假宣传方式提供商品或者服务，其合法权益受到损害的，可以向经营者要求赔偿。广告经营者、发布者发布虚假广告的，消费者可以请求行政主管部门予以惩处。广告经营者、发布者不能提供经营者的真实名称、地址和有效联系方式的，应当承担赔偿责任。

第二款 广告经营者、发布者设计、制作、发布关系消费者生命健康商品或者服务的虚假广告，造成消费者损害的，应当与提供该商品或者服务的经营者承担连带责任。

44 团购游却变成了"吃喝游",怎么办?

案例重现

曹女士在网上团购了一张"450元台湾地区3日游"的旅游券,比实际价格便宜很多。可是没想到的是,到了台湾后,接待旅游者却一再强调台湾特色小吃非常诱人,大家千万不要错过机会,大有游客不吃就不能走的架势。没有办法,曹女士等人只能被接待旅游者带到台湾著名的特色小吃区,接待旅游者一会儿让大家吃这个,一会儿又让大家吃那个。台湾当地的人又非常热情,曹女士等人磨不开面子,只能都吃,结果算下来的花费赶上了实际价格,而且曹女士表示行程中的安排与网上写的并不一致。据调查,接待旅游者并没有取得旅游主管部门的许可。请问,曹女士等人应该如何维权?

法官点评

我国《旅游法》第28条规定,设立旅行社,招徕、组织、接待旅游者,为其提供旅游服务,应当具备必要的条件,并且取得旅游主管部门的许可,依法办理工商登记。本案中的接待旅游者根本没有经过旅游主管部门的许可,就开展了相应的业务,应当承担相应的法律责任。此外,本案中接待旅游者指定游客在特定地点消费的行为,违反了我国《旅游法》第35条的规定,游客可以依法要求接待旅游者为其办理退货并先行垫付退货货款。

法律依据

《中华人民共和国旅游法》

第二十八条 设立旅行社，招徕、组织、接待旅游者，为其提供旅游服务，应当具备下列条件，取得旅游主管部门的许可，依法办理工商登记：

（一）有固定的经营场所；

（二）有必要的营业设施；

（三）有符合规定的注册资本；

（四）有必要的经营管理人员和导游；

（五）法律、行政法规规定的其他条件。

第三十五条 旅行社不得以不合理的低价组织旅游活动，诱骗旅游者，并通过安排购物或者另行付费旅游项目获取回扣等不正当利益。

旅行社组织、接待旅游者，不得指定具体购物场所，不得安排另行付费旅游项目。但是，经双方协商一致或者旅游者要求，且不影响其他旅游者行程安排的除外。

发生违反前两款规定情形的，旅游者有权在旅游行程结束后三十日内，要求旅行社为其办理退货并先行垫付退货货款，或者退还另行付费旅游项目的费用。

《旅行社条例实施细则》

第二十九条 旅行社以互联网形式经营旅行社业务的，除符合法律、法规规定外，其网站首页应当载明旅行社的名称、法定代表人、许可证编号和业务经营范围，以及原许可的旅游行政管理部门的投诉电话。

45 旅行社可以单方面变更旅游路线吗？

案例重现

上周，杨先生等人报名参加了某旅行社组织的杭州三日游，并且和旅行社签订了旅游合同。结果在旅行的前一天，旅行社的大巴却出现问题，只能改变路线，但是该旅行社没有和旅游者商量，而是单方面变更了旅游路线。杨先生等人对此非常生气，便去旅游质量监督管理部门投诉，称该旅行社出现问题没有和旅游者商量，单方面变更旅游路线，要求旅行社承担违约责任，并赔偿部分违约金。请问，旅行社可以单方面变更旅游路线吗？

法官点评

杨先生等人要求旅行社承担违约责任是合理合法的。根据我国《旅游法》第69条至第71条的规定，旅行社应当按照包价旅游合同的约定履行义务，不得擅自变更旅行安排。旅行社不履行包价旅游合同义务或者履行合同义务不符合约定的，应当依法承担继续履行、采取补救措施或者赔偿损失等违约责任。本案中，杨先生等人可以要求旅行社承担违约责任，并可以向旅行社索要违约金。

法律依据

《中华人民共和国旅游法》

第六十九条 旅行社应当按照包价旅游合同的约定履行义务，不得擅自变更旅游行程安排。

经旅游者同意，旅行社将包价旅游合同中的接待业务委托给其他具有相应资质的地接社履行的，应当与地接社订立书面委托合同，约定双方的权利和义务，向地接社提供与旅游者订立的包价旅游合同的副本，并向地接社支付不低于接待和服务成本的费用。地接社应当按照包价旅游合同和委托合同提供服务。

第七十条第一款 旅行社不履行包价旅游合同义务或者履行合同义务不符合约定的，应当依法承担继续履行、采取补救措施或者赔偿损失等违约责任；造成旅游者人身损害、财产损失的，应当依法承担赔偿责任。旅行社具备履行条件，经旅游者要求仍拒绝履行合同，造成旅游者人身损害、滞留等严重后果的，旅游者还可以要求旅行社支付旅游费用一倍以上三倍以下的赔偿金。

第七十一条第一款 由于地接社、履行辅助人的原因导致违约的，由组团社承担责任；组团社承担责任后可以向地接社、履行辅助人追偿。

46. 顾客在饭店打架，饭店人员并未及时制止，饭店是否要对受害者承担赔偿责任？

案例重现

李师傅是一名出租车司机。一天，李师傅交车后来到一家饭店吃饭，只要了一瓶啤酒和一盘花生米。正吃着的时候来了一群年轻人，其中一个人不小心把李师傅的花生米碰到了地上，但并没有道歉的意思，李师傅便上前去理论，没想到对方召集其他人对李师傅进行殴打。饭店人员没有制止，也没有及时报警，导致李师傅被打伤。事后打人者逃走，李师傅找到该饭店并要求饭店承担赔偿责任。请问，李师傅的要求成立吗？

法官点评

根据《民法典》第1198条的规定，从事住宿、餐饮、休闲娱乐、公共交通等经营活动的经营者或者其他群众性活动的组织者，依法负有安全保障义务。未尽到安全保障义务导致他人受损害的，就要承担侵权责任。但是，如果是第三人的行为造成他人损害的，则由第三人承担侵权责任，未尽到安全保障义务的经营者、管理者或者组织者仅需承担相应的补充责任，并且可在承担责任后向第三人追偿。本案中，当李师傅在饭店内被殴打时，饭店工作人员既未阻止也未报案，导致李师傅受伤，显然没有尽到安全保障义务，有一定的过错。本案中，未尽安全保障义务的饭店需在能够防止或者制止损害的范围内承担相应的补充赔偿责任。饭店承担责任后，可以向殴打李师傅的几个人追偿。

法律依据

《中华人民共和国民法典》

第一千一百九十八条 宾馆、商场、银行、车站、机场、体育场馆、娱乐场所等经营场所、公共场所的经营者、管理者或者群众性活动的组织者，未尽到安全保障义务，造成他人损害的，应当承担侵权责任。

因第三人的行为造成他人损害的，由第三人承担侵权责任；经营者、管理者或者组织者未尽到安全保障义务的，承担相应的补充责任。经营者、管理者或者组织者承担补充责任后，可以向第三人追偿。

47. 客运站在出售车票时向旅客搭售保险，这种做法对吗？

案例重现

去年寒假，小强由于没有买到火车票，只能坐汽车回家。小强来到客运站买票，客运站在出售车票时并没有询问小强，就直接将保险费搭着车票一起卖给了小强。小强向售票员询问为什么没有问就扣除了保险费，售票员说这是对每一位旅客的安全负责。请问，客运站的这种做法正确吗？是否违反了法律的规定呢？

法官点评

按照我国《消费者权益保护法》第4条及第9条的有关规定，车票附加保险销售必须自愿，经营者不得强行要求消费者接受搭售保险。因此，车站搭售保险的行为违背了公平交易的原则，侵犯了乘客的选择权。乘客若遇强售保险的行为，可以拒绝，也可向当地的市场监管部门举报。

法律依据

《中华人民共和国消费者权益保护法》

第四条 经营者与消费者进行交易，应当遵循自愿、平等、公平、诚实信用的原则。

第九条第一款 消费者享有自主选择商品或者服务的权利。

第4章

合同往来法律常识

48 11岁的小学生订立的合同无效吗?

对不起,手机已经卖出并且没有质量问题,我们不退货!

我儿子才11岁,怎么能买手机呢?

8周岁以上的未成年人是限制民事行为能力人,可以进行与他的年龄、智力相适应的民事活动;进行其他民事活动则由其法定代理人代理,或者需征得其法定代理人的同意。

案例重现

王某今年 11 周岁,是当地一所学校的小学生。看到自己的同班同学都有手机,王某也想要一部。王某回去与父母商量这件事,父母怕影响王某的学业,坚决不同意他买手机。王某见说不通父母,便趁着周日不上学的时候悄悄拿出了自己每年过年攒下的压岁钱,一个人跑到手机商城买了一部最新的手机,并与商家签下购买合同,以 5000 元的价格成交。第二天上学,王某因上课玩手机被老师发现,王某父亲被叫到学校。得知此事,王某父亲拿着手机去找商家退款,商家以双方的合同已履行完毕为由而拒绝退款。王某父亲因此诉至法院,请求法院确认合同无效,自己愿归还手机,要求商家退还 5000 元。

法官点评

本案涉及限制民事行为能力人所订立的合同的效力问题。根据我国《民法典》第 19 条、第 145 条的规定,限制民事行为能力人订立的合同,经法定代理人追认后有效。但纯获利益的合同或者与其年龄、智力、精神健康状况相适应而订立的合同,不必经法定代理人追认。也就是说,限制民事行为能力人订立的合同,除纯获利益的行为和与自身状况相适应的行为外,只有经法定代理人的追认才有效,法定代理人不予追认的,合同就无效。

那么本案中,商家和王某签订的手机购买合同就是效力待定合同。因为王某今年 11 周岁,其作为限制民事行为能力人,该合同既非纯获利益的合同,也与其 11 周岁的年龄不相适应,而且,王某之父作为其法定代理人拒绝追认,故此合同无效。王某应当返还手机,商家应当退款。

法律依据

《中华人民共和国民法典》

第十九条 八周岁以上的未成年人为限制民事行为能力人,实施民事法律行为由其法定代理人代理或者经其法定代理人同意、追认;但是,可以独立实施纯获利益的民事法律行为或者与其年龄、智力相适应的民事法律行为。

第一百四十五条 限制民事行为能力人实施的纯获利益的民事法律行为或者与其年龄、智力、精神健康状况相适应的民事法律行为有效;实施的其他民事法律行为经法定代理人同意或者追认后有效。

相对人可以催告法定代理人自收到通知之日起三十日内予以追认。法定代理人未作表示的,视为拒绝追认。民事法律行为被追认前,善意相对人有撤销的权利。撤销应当以通知的方式作出。

49. 供热不达标致用户生病,供热公司应当赔偿吗?

你们供的暖气温度不符合国家规定的标准,都把我冻病了,你们应当负责!

公司已经对供热设施做了检测,未发现异常情况,所以责任不在我们。

小区供暖温度不符合国家规定的供热质量标准,用户可以通过法律途径维护自己的权益,对用户造成的损失,供热公司应当承担赔偿责任。

案例重现

张老先生已经年过七旬，身体依旧十分硬朗，每天都要带着自己的孙子到外边转悠。秋去冬来，大地已然开始被皑皑白雪覆盖。天气渐冷，在子女的强烈要求下，张老先生便待在家中过冬，每日不再出去闲逛。虽说待在家里，但家里的暖气却不够热，室内的气温低得很，根本达不到国家规定的标准。张老先生虽几次向供热公司反映，却毫无改观。两个月下来，身体一向硬朗的张老先生被冻得生了病，身体经常冷得颤抖。孩子们与张老先生一起到供热公司，要求供热公司赔偿。供热公司的接待人某女士答复张老先生说，接到用户反映后，供热公司已经对供热设施做了检测，未发现异常情况。供热设施没问题，供热公司于是拒绝赔偿。那么，在此情况下，能否要求供热公司赔偿呢？

法官点评

本案涉及供热合同纠纷的供热人损害赔偿责任问题。在我国，供用热力合同参照供用电合同的有关规定来进行处理。根据我国《民法典》第651条的规定，供电人应当按照国家规定的供电质量标准和约定安全供电。供电人未按照国家规定的供电质量标准和约定安全供电，造成用电人损失的，应当承担损害赔偿责任。将此适用于供热合同，就是供热人未按照国家规定的供热质量标准和约定安全供热，造成用热人损失的，应当承担损害赔偿责任。

在本案中，供热公司作为供热人，应当按照国家规定的供热质量标准向用户供热。但是，该供热公司显然没有向用户提供符合国家规定的质量标准供热，供热不达标造成张老先生生病，供热公司应当承担赔偿责任。

法律依据

《中华人民共和国民法典》

第六百五十一条 供电人应当按照国家规定的供电质量标准和约定安全供电。供电人未按照国家规定的供电质量标准和约定安全供电,造成用电人损失的,应当承担赔偿责任。

第六百五十六条 供用水、供用气、供用热力合同,参照适用供用电合同的有关规定。

50 租赁期间房屋被卖,新房主能要求承租人立即搬离吗?

> 我已经买下这套房子,限你15天内搬出我的房子!

> 我的租赁合同没到期,凭什么让我搬啊?

> 在租赁权利行使期间,所有权的变动次于租赁权,不影响租赁权利的行使,即"买卖不破租赁"。

案例重现

小芳大学毕业后就来到北京闯荡。小芳以每月3500元的价格租了张先生的一室一厅，租期两年。在小芳居住了15个月时，一位王先生突然来到住处告诉小芳，张先生已经把房子卖给他了，并拿出了房产证，要求小芳立即搬出去。小芳拿出自己与张先生签订的租房合同，说自己的两年租期还有9个月，现在租期未到，自己是不会搬出去的。二人各执一词，因此起了争执，也招来了不少人围观。大家都很同情小芳，说小芳一个姑娘家不容易，王先生以男欺女，以强欺弱。王先生愤愤离去，随后一纸诉状将小芳告上法庭，要求小芳立即腾房。那么，王先生能要求小芳腾房吗？

法官点评

本案涉及当物权和债权同时存在于一物之上时何者优先的问题。所有权是一个物权，租赁权是一个债权。当两者同时存在于一物之上时，原则上物权优先于债权。但是，根据我国《民法典》第725条的规定，租赁物在租赁期间发生所有权变动的，不影响租赁合同的效力。这就是通常所说的"买卖不破租赁"。

本案中，张先生和小芳之间在房屋所有权人变更为王先生之前就签订了一个期限为两年的租赁合同，小芳拥有的是该房屋的租赁权，即债权。张先生把自己的房屋卖给了王先生，并办理了过户登记，登记过后王先生便成为房屋新的所有权人，即王先生拥有该房屋的物权。此时，在先的租赁权利就适用"买卖不破租赁"，原租赁合同对承租人小芳和新房主王先生继续有效。因此，本案中虽然王先生通过买房行为成为房屋新的所有权人，但是原房主张先生与小芳的租赁合同继续有效，他无权要求小芳搬出去。

法律依据

《中华人民共和国民法典》

第七百二十五条 租赁物在承租人按照租赁合同占有期限内发生所有权变动的,不影响租赁合同的效力。

51 租赁期内承租人死亡的，和其共同居住的人能否继续住下去？

案例重现

小江（女）和小陈（男）是大学同学，两人大一就在一起了。毕业之后，两人都在 C 市找了份不错的工作，打算长期留在该市。工作稳定后，两人决定在离双方单位都不远的地方租一套单元房住。由于小陈工作比较忙，小江通过中介租赁了一套房子，并以她自己的名义，和房主朱先生签订了为期两年的房屋租赁合同。然而，天有不测风云，今年 8 月，小江在下班回家的路上不幸发生车祸去世了。小陈还沉浸在悲痛之中，朱先生就找到小陈，表示和自己签合同的是小江，既然小江已经去世了，希望小陈能早日搬离自己的房子。小陈很困惑，他想知道小江去世之后，自己还能住在租的房子中吗？朱先生的说法对吗？

法官点评

对于租赁期内承租人死亡的，与其共同居住的人是否可以继续居住，我国《民法典》作出了明确的规定。《民法典》第 732 条规定："承租人在房屋租赁期限内死亡的，与其生前共同居住的人或者共同经营人可以按照原租赁合同租赁该房屋。"换言之，在租赁期内，即使承租人死亡，和其共同经营或者共同生活的人还可以继续租赁该房屋，不受承租人死亡的影响。

具体到上面的案例中，小江不幸离世了，小陈作为和她共同生活的人，是可以继续租赁、使用朱先生的房屋的，朱先生的说法是不正确的。

法律依据

《中华人民共和国民法典》

第七百三十二条 承租人在房屋租赁期限内死亡的,与其生前共同居住的人或者共同经营人可以按照原租赁合同租赁该房屋。

合同往来法律常识 **127**

52 悬赏人应当对完成悬赏行为的人支付承诺的悬赏报酬吗？

> 我帮你找回了丢失的狗，你应该兑现2000元的悬赏费！

> 那是打广告的噱头，当不了真的！

> 悬赏人公开承诺对完成悬赏行为人给予报酬的，只要承诺不是违反法律规定的无效情形，悬赏人就应当支付报酬。

案例重现

孙女士年轻时丈夫便去世了,她独自拉扯大了两个孩子。孩子们各自成家立业,孙女士备感孤寂。所幸几年前,孙女士的儿子送了她一只宠物狗,能陪她打发一些无聊的时光。一个月前,孙女士外出办事,因为忘记锁门,宠物狗跑得不知所终。孙女士多番寻找未果,儿子承诺再送她一只,可孙女士说自己习惯了丢失的这只,不要新的。孙女士对外贴出寻狗悬赏启事,称凡寻得并送回宠物狗的,孙女士愿支付对方2000元。后张先生寻得此狗并送回孙女士,孙女士十分感激,请张先生来家做客,热情款待张先生。当张先生要求孙女士支付悬赏费2000元时,孙女士却拒绝支付。随后张先生将孙女士告到法院,要求孙女士兑现寻狗悬赏的承诺,支付其应得的2000元。

法官点评

本案涉及完成悬赏的特定行为人对悬赏人要求支付悬赏报酬的问题。根据《民法典》第317条第2款和第499条的规定,权利人或悬赏人通过悬赏方式寻找遗失物的,领取遗失物时应当按照承诺履行义务。也就是说,悬赏人公开承诺对完成悬赏行为人给予报酬的,只要不是违反法律规定的无效情形,悬赏人就应当支付报酬。

本案中,孙女士悬赏寻狗,非损害公益、违反法律强制性规定等无效情形。因此,依据上述规定,孙女士应当向张先生支付悬赏合同中约定好的2000元报酬。

法律依据

《中华人民共和国民法典》

第三百一十七条第二款 权利人悬赏寻找遗失物的,领取遗失物时应当按照承诺履行义务。

第四百九十九条 悬赏人以公开方式声明对完成特定行为的人支付报酬的,完成该行为的人可以请求其支付。

53 寄存物品丢失,寄存处应该赔偿吗?

> 您并未事先声明包内有贵重物品和钱财,而寄存处也有"贵重物品请自理"的相关声明,所以我们不负责任。

> 我寄存的包内的手表和货款丢了,你们应当赔偿!

> 寄存人包内如有贵重物品和钱财,应向保管人说明,否则在没有其他有力证据的情况下,寄存处只按一般物品赔偿。

案例重现

李先生乘坐火车去北京办事，途经某地需要换乘，换乘的车辆尚有十个小时才开动。为了打发这十小时的等待时间，李先生到车站附近的物品寄存处寄存随身物品后就去当地转了转。八小时后，李先生返回，凭寄存单去取随身物品。但是寄存处的郎先生说，李先生的物品在付了存件费用后已经被取走了。李先生寄存的包里放有要送给北京某客户的进口名表和自己的批发货物款5万元，李先生随即报案，但也未寻得丢失的物品。之后，李先生要求寄存处赔偿自己的损失，而寄存处以自己有"顾客须保管好自己的贵重物品，丢失概不负责"的声明以及李先生并未事先声明自己包内有贵重物品和钱财为由拒绝赔偿。那么，寄存处应该赔偿吗？

法官点评

本案涉及有偿保管合同的保管物品丢失后的赔偿问题。根据我国《民法典》第897条、第898条的规定，保管期间，因保管人保管不善造成保管物毁损、灭失的，保管人应当承担损害赔偿责任。寄存人寄存货币、有价证券或者其他贵重物品的，应当向保管人声明，由保管人验收或者封存。寄存人未声明的，该物品毁损、灭失后，保管人可以按照一般物品予以赔偿。也就是说，有偿保管人对保管物品丢失的，应当赔偿，但寄存人未声明的贵重物品丢失的，按照一般物品予以赔偿。

本案中，李先生将包寄存在寄存处，领了寄存单，双方之间的保管合同关系成立。保管合同成立后，寄存处作为保管人当然有义务保管好李先生的包。因此，李先生的包被他人领走，而寄存单却在李先生手中，显然是寄存处工作人员的失误。因此，寄存处丢失李先生的寄存物品，无疑是应当承担赔偿责任的。但是，对于李先生寄存的包内的贵重物品和钱财，因为没有事先向保管人说明，也未经保管人员验收，在没有其他有力证据证明李先生包内确有贵重物品的情况下，寄存处只按照一般物品赔偿。

法律依据

《中华人民共和国民法典》

第八百九十七条　保管期内，因保管人保管不善造成保管物毁损、灭失的，保管人应当承担赔偿责任。但是，无偿保管人证明自己没有故意或者重大过失的，不承担赔偿责任。

第八百九十八条　寄存人寄存货币、有价证券或者其他贵重物品的，应当向保管人声明，由保管人验收或者封存；寄存人未声明的，该物品毁损、灭失后，保管人可以按照一般物品予以赔偿。

54 在合同上只摁了手印，法律效力和签字一样吗？

案例重现

小赵今年 30 岁，是学计算机的，她于名牌大学毕业后直接进入一家外企工作。小赵在公司里表现良好，得到老板的赏识，也攒了不少钱。但为了回家照顾年迈的父母，小赵带着自己攒的钱回老家准备开一家小的 IT 公司。回到老家后，小赵很快找到了合适的写字楼，并且和该写字楼的老板达成了一个租赁门面的合同。不巧的是，小赵因为前几天帮家里干活弄伤了右手，所以不能写字，便在合同上摁手印以代表自己同意合同的内容。那么，小赵只在合同上摁手印，其法律效力和签字一样吗？

法官点评

小赵摁手印的行为和签字具有同等的法律效力。本案中，小赵同意合同条款的规定，摁手印签订合同的行为是小赵真实的意思表示。《民法典》第 490 条第 1 款规定："当事人采用合同书形式订立合同的，自当事人均签名、盖章或者按指印时合同成立。在签名、盖章或者按指印之前，当事人一方已经履行主要义务，对方接受时，该合同成立。"据此可见，在合同书上摁手印与签字、盖章具有同样的法律效力。本案中，小赵通过在合同上摁手印的方式作出同意合同约定内容的意思表示，其效力和签字是一样的。

法律依据

《中华人民共和国民法典》

第四百九十条 当事人采用合同书形式订立合同的,自当事人均签名、盖章或者按指印时合同成立。在签名、盖章或者按指印之前,当事人一方已经履行主要义务,对方接受时,该合同成立。

法律、行政法规规定或者当事人约定合同应当采用书面形式订立,当事人未采用书面形式但是一方已经履行主要义务,对方接受时,该合同成立。

55 因客运司机"误时"而耽误乘客，乘客可以要求赔偿吗？

案例重现

苏苏毕业于名牌大学后直接被一家外企聘用。因在公司表现好，同时受到老板的赏识，苏苏于2021年4月被提拔为公司的市场部总监。同年5月，苏苏要出差签一个大单子，需要赶上午9点的飞机，很着急就拦下了一辆出租车。苏苏告诉司机师傅她是9点的飞机，还有半个小时的时间，希望司机师傅快一点。司机师傅表示没有问题，还答应最多20分钟就能到机场。但是那天司机师傅绕路加油，结果到机场后已经晚了。飞机没有赶上，丢了50万元的大单子，苏苏非常愤怒，要求出租车司机赔偿损失。请问，司机师傅应该赔偿苏苏的损失吗？

法官点评

本案涉及违约赔偿范围问题，苏苏的请求应该得到法院的支持。根据我国《民法典》第584条的规定，对违约损害赔偿采用完全赔偿原则，即违约方应赔偿受害人因其违约行为所遭受的全部损失，包括实际损失和可得利益的损失。本案中，出租车司机应该熟悉该地区的路况并对时间、行车路线等作充分的估计。而事实上因其绕路加油的过错行为使苏苏没有赶上飞机，造成50万元的单子没有签成的损失。因其是出租车公司的工作人员，因此，其行为的责任应由出租车公司承担，但出租车公司赔偿了苏苏后，有权向该司机追偿。

法律依据

《中华人民共和国民法典》

第五百八十四条 当事人一方不履行合同义务或者履行合同义务不符合约定,造成对方损失的,损失赔偿额应当相当于因违约所造成的损失,包括合同履行后可以获得的利益;但是,不得超过违约一方订立合同时预见到或者应当预见到的因违约可能造成的损失。

56 货物保修期内坏掉而卖方不予维修，买方因此支付的维修费找谁要？

案例重现

小红收到了某大学的录取通知书，全家人都很高兴。小红的姐姐小丽决定买一块手表作为小红考上大学的礼物。小丽在某商场买了一块手表，柜台的售货员说该表保修期为一年，如果一年内出现任何问题都可以来这里免费修理。小丽把手表送给小红后一个月，手表就不走了，小红以为电池没电了，就换了一块电池，但表还是不走。小红把此事告知了姐姐小丽，小丽带着手表来到该商场找到卖表的售货员要求维修，但是售货员拒绝了她的要求。小丽没有办法，只好找到修表的地方花费100元把表修好了。手表修好后，小丽让维修人员开具了发票，以便向商家索要维修费用。请问，小丽可以向商家索要维修费用吗？

法官点评

本案中，小丽购买的手表一个月内就出现了质量问题，是在商家承诺的一年保修期限内的，商家应予以维修。根据《最高人民法院关于审理买卖合同纠纷案件适用法律问题的解释》第16条的规定，买受人在检验期间、质量保证期间、合理期间内提出质量异议，出卖人未按要求予以修理或者因情况紧急，买受人自行或者通过第三人修理标的物后，主张出卖人负担因此发生的合理费用的，人民法院应予支持。本案中，小丽在商家不予处理的情况下，自己花钱修了手表，小丽应拿着证明维修的发票向商家索要维修费用。

法律依据

《最高人民法院关于审理买卖合同纠纷案件适用法律问题的解释》

第十六条 买受人在检验期限、质量保证期、合理期限内提出质量异议,出卖人未按要求予以修理或者因情况紧急,买受人自行或者通过第三人修理标的物后,主张出卖人负担因此发生的合理费用的,人民法院应予支持。

57 没按约定日期到银行提取借款,需要向银行付利息吗?

案例重现

张先生今年40岁,有自己的公司,虽然不大,但他也是当地有名的小老板。2020年底,张先生公司的资金突然出现问题,公司面临破产的危险,因此很需要钱。张先生决定以法人代表的名义向某银行贷款100万元。不久,张先生便提供了相关手续并且让朋友徐某担任保证人,双方签订了借款合同,同时也约定了还款利息及其他事项。但没有想到的是,张先生的公司突然被宣告破产了,张先生因忙于公司的事情,于约定提款日期半个月后才去银行提款。银行工作人员告诉张先生,这半个月的利息要一并归还。请问,银行的说法对吗?

法官点评

银行的说法正确。根据我国《民法典》第671条的规定,借款人应按照约定的日期、数额收取借款,并按照约定的日期、数额支付利息。借款人支付利息应当从约定的提款日期开始计算,并不是从借款人实际提取款项的日期开始计算。因此,本案中张先生未按约定日期去提取款项,其应按约定的日期、数额支付利息。

法律依据

《中华人民共和国民法典》

第六百七十一条　贷款人未按照约定的日期、数额提供借款,造成借款人损失的,应当赔偿损失。

借款人未按照约定的日期、数额收取借款的,应当按照约定的日期、数额支付利息。

58 委托他人临时看包后包被盗，能要求他人承担赔偿责任吗？

案例重现

某日，小于出差在火车站等车，正好碰见以前的大学同学小王，两人聊得非常开心，同时发现两人坐的是同一班火车。上车后不久，小王要上厕所，因此，拜托小于帮忙看包并把包随手放在了座位上。小于因为玩手机而忽视了看包。小王回来后发现包不见了，两人四处寻找后也没有找到。小王很生气地对小于说，明明跟你说好帮我把包看好，为什么还丢了呢？因此，小王要求小于赔偿。小于觉得自己只是帮忙照看，没有义务承担其损失。请问，小于需要承担其损失吗？

法官点评

小于应当承担赔偿责任。本案中，当小王将包交给小于照看时，表示双方达成了保管合同的意思表示，显然双方之间的保管合同是成立的。因此，小于有义务妥善保管小王的包。但在此期间，小于因为忙于玩手机没有看好包，疏于保管，导致保管物被盗，其行为明显存在重大过失。我国《民法典》第892条和第897条对无偿保管合同中保管物灭失的免责情形作了规定，即无偿保管人能证明自己不存在故意或重大过失的，不必承担赔偿责任。显然，小于的行为不在免责范围之内，所以应当承担赔偿责任。

法律依据

《中华人民共和国民法典》

第八百九十二条 保管人应当妥善保管保管物。

当事人可以约定保管场所或者方法。除紧急情况或者为维护寄存人利益外，不得擅自改变保管场所或者方法。

第八百九十七条 保管期内，因保管人保管不善造成保管物毁损、灭失的，保管人应当承担赔偿责任。但是，无偿保管人证明自己没有故意或者重大过失的，不承担赔偿责任。

59 因出租人超过约定期限交付租赁物而造成的损失由谁承担？

案例重现

小马准备和交往了 3 年的女朋友结婚。小马联系了一家租赁婚车的公司，觉得价格很合适，便签订了租赁合同。双方约定了租赁日期为 9 月 23 日，也约定了租金，如果双方任何一方违反约定都要向对方赔偿违约金 2000 元。结婚的日子马上就要到了，小马和租车公司联系，租车公司却说车都被别人租走了，小马没有办法，只能再找别的租车公司。事后，小马找到该租车公司要求其赔偿违约金 2000 元，却被租车公司拒绝了。请问，租车公司应该向小马赔偿违约金吗？

法官点评

租车公司应当支付小马违约金并赔偿其损失。首先，双方签订的租赁合同合法、有效，双方应按合同约定履行自己的义务，而租车公司却在签订租赁合同后单方面反悔，其行为已经构成违约。根据我国《民法典》第 578 条的规定，当事人一方明确表示或者以自己的行为表明不履行合同义务的，对方可以在履行期限届满之前要求其承担违约责任。租车公司告知小马车租给别人了，说明其明确表示不履行合同义务，因此，小马可要求租车公司支付违约金。后来，由于租车公司未能履行自己的义务，小马只能租用别人的车，所以租车公司应当为自己的违约行为给小马造成的损失承担赔偿责任。

法律依据

《中华人民共和国民法典》

第五百七十八条 当事人一方明确表示或者以自己的行为表明不履行合同义务的，对方可以在履行期限届满前请求其承担违约责任。

第七百零八条 出租人应当按照约定将租赁物交付承租人，并在租赁期限内保持租赁物符合约定的用途。

60 物业管理不严致使业主失窃的，物业公司需要赔偿损失吗？

案例重现

今年7月的一天，小美下班回家后发现自己家失窃了，丢失的物品为电脑、手机以及一些金银首饰，加在一起总共损失四五万元。小美立即报警，并告知物业公司。公安机关在侦查的过程中调取了监控，发现小偷在小区保安的眼皮底下堂而皇之地进了小区。小偷进来的时候，小区的保安正在午睡，根本没人值守，也没有人对小偷进行登记。小美知道后，认为自己交了物业费，物业公司却这样疏于管理，是物业公司失职导致自己失窃的，物业公司应当承担很大的责任，赔偿自己的部分损失。那么，小美的想法正确吗？物业公司应当赔偿吗？

法官点评

本案涉及物业公司和业主之间的法律关系。居住在城市小区中，物业公司是我们经常打交道的，根据我国《民法典》第942条之规定："物业服务人应当按照约定和物业的使用性质，妥善维修、养护、清洁、绿化和经营管理物业服务区域内的业主共有部分，维护物业服务区域内的基本秩序，采取合理措施保护业主的人身、财产安全。对物业服务区域内违反有关治安、环保、消防等法律法规的行为，物业服务人应当及时采取合理措施制止、向有关行政主管部门报告并协助处理。"也就是说，物业公司应当按照物业合同的约定，采取合理的措施保障业主的人身、财产安全，为业主在小区的正常居住、生活提供保障。

但是，在上面的案例中，小美小区的物业公司对员工疏于管理，在午间没有安保人员值守，导致小美家失窃。对此，物业公司具有一定的过错，小美是可以请求物业公司赔偿一部分损失的。至于赔偿的具体数额，小美可以先和物业公司协商，协商不成的，可以向法院起诉，以维护自己的合法权益。

法律依据

《中华人民共和国民法典》

第九百四十二条 物业服务人应当按照约定和物业的使用性质，妥善维修、养护、清洁、绿化和经营管理物业服务区域内的业主共有部分，维护物业服务区域内的基本秩序，采取合理措施保护业主的人身、财产安全。

对物业服务区域内违反有关治安、环保、消防等法律法规的行为，物业服务人应当及时采取合理措施制止、向有关行政主管部门报告并协助处理。

61 业主在房屋上设立居住权,需要告知物业吗?

案例重现

朱爷爷今年80岁了。10年前,朱爷爷的儿子因患癌症去世了。两年前,朱爷爷的老伴也因病去世。朱爷爷一个人居住,生活很是孤独,平常的生活也多有不便。小区门口开水果店的店主张先生知道朱爷爷一家的情况,就经常拎着水果去看朱爷爷,还经常给朱爷爷做饭,随着两人交往的加深,朱爷爷认为张先生为人善良、热心。他了解到张先生从外地来这个城市打拼,现在还没有自己的住房,一直租房子住,于是朱爷爷提出让张先生住到自己家里面,一来他们两家人可以相互照顾,二来也能让张先生节省一笔房租,张先生同意了。在共同生活的过程中,朱爷爷对张先生的人品更加认可,为了防止自己去世后,张先生没有地方住,朱爷爷决定为张先生在自己的房子上设立居住权。朱爷爷不仅和张先生签订了设立居住权的合同,还进行了登记。但朱爷爷还有个疑问,他在自己的房屋上设立居住权,还需要告知物业吗?

法官点评

居住权是一种用益物权,设立居住权后,居住权人有权合法占有、使用他人的房屋。既然涉及房屋,物业公司作为为业主提供服务的一方,就应当及时了解到房屋的各种信息。根据我国《民法典》第945条第2款的规定:"业主转让、出租物业专有部分、设立居住权或者依法改变共有部分用途的,应当及时将相关情况告知物业服务人。"因此，业主设立居住权的，应当把居住权设立的信息告知物业公司。

在上面的案例中，朱爷爷为张先生设立了居住权，为了方便朱爷爷和张先生接下来的生活，朱爷爷应当及时将居住权设立的信息告知物业公司。

法律依据

《中华人民共和国民法典》

第三百六十六条　居住权人有权按照合同约定，对他人的住宅享有占有、使用的用益物权，以满足生活居住的需要。

第九百四十五条第二款　业主转让、出租物业专有部分、设立居住权或者依法改变共有部分用途的，应当及时将相关情况告知物业服务人。

62. 通过中介找到的房子，可以绕过中介直接找房主签合同，省下中介费吗？

案例重现

小鱼大学毕业后，在当地找了一份工作。在搬离寝室前，他开始找房子。经过两天的实地考察，小鱼最后看中了一个小区，他在该小区旁找了一家中介公司询问房屋出租情况。正好该小区有两套房源，中介公司的工作人员便带小鱼去看房，小鱼对其中一个房屋的装潢、价格都比较满意。在看房的过程中，中介公司也让房主江小姐陪同，小鱼还加了江小姐的微信。看完房后，双方谈租金、支付方式及中介费时，小鱼又有些犹豫，毕竟他才毕业，也没有什么存款，按照现在的行情，中介费是一个月租金，也需要不少钱。他想租金是没法省的，那中介费自己能不能省了？小鱼想在微信上直接联系江小姐去签约，不通过中介。小鱼的做法可以吗？他能这样省下中介费吗？

法官点评

在生活中，我们难免需要买房、租房。因为信息的缺乏，我们通常需要通过中介公司获得合适的房源信息。中介公司提供服务后，理应获得相应的报酬。根据我国《民法典》第965条的规定："委托人在接受中介人的服务后，利用中介人提供的交易机会或者媒介服务，绕开中介人直接订立合同的，应当向中介人支付报酬。"也就是说，中介公司提供服务后，委托人不能绕开中介直接联系房主签订合同。即使绕过中介签订合同，委托人也应当向中介人支付相应的报酬。

具体到上面的案例中，小鱼想要省下这笔中介费用的想法是不现实的，他是通过中介公司找到的这个房子，理应付给中介公司相应的中介费用。

法律依据

《中华人民共和国民法典》

第九百六十五条 委托人在接受中介人的服务后，利用中介人提供的交易机会或者媒介服务，绕开中介人直接订立合同的，应当向中介人支付报酬。

63 合伙企业拟将解散，合伙人可以马上请求分割财产吗？

案例重现

小张和小王是大学室友，关系很好。毕业前，小王已经是小有名气的网红，在某平台上已经有十几万的粉丝。因此，在毕业时，两人决定共同成立一家合伙企业，由小张作为小王的经纪人，经营小王的网红事业。为此，两人还签订了合伙协议，小张出资10万，小王出资5万，合伙企业的利润两人平分。同时，两人约定，小王为合伙企业的合伙事务执行人。今年8月，由于经营不善，小王在网上的粉丝数量直线下降。小张觉得这个企业已经没有存在的必要，自己也不想再担任小王的经纪人了。他和小王商量，解散合伙企业，小王同意了。此时，小王要求马上分割合伙企业的财产。小张认为应当先行清算，再分割财产。那么，谁的想法是正确的呢？他们俩决定解散这个合伙企业，就可以马上分割财产吗？

法官点评

此案例涉及合伙企业解散时合伙财产的分割问题。根据我国《民法典》第969条的规定："合伙人的出资、因合伙事务依法取得的收益和其他财产，属于合伙财产。合伙合同终止前，合伙人不得请求分割合伙财产。"也就是说，在合伙人决定解散时，合伙财产应当先用于清偿合伙债务，支付企业终止之后的费用，再由合伙人分割剩余的财产。在合伙合同终止之前，合伙人不能请求分割合伙财产，这才能有效地保证债权人的利益。

具体到上面的案例中，小王和小张作为企业的合伙人，两人虽然决定要解散合伙企业，但是需要做好清算工作，并履行相关手续，直至合伙合同终止后，小王才能请求分割合伙财产。

法律依据

《中华人民共和国民法典》

第九百六十九条 合伙人的出资、因合伙事务依法取得的收益和其他财产，属于合伙财产。

合伙合同终止前，合伙人不得请求分割合伙财产。

第 5 章

劳动就业法律常识

64 凭借假学历与用人单位签订的劳动合同有效吗？

你的学历证书是伪造的，属于欺诈行为，我们的劳动合同是没有法律效力的。

我具备劳动主体资格，我们的劳动合同有效。

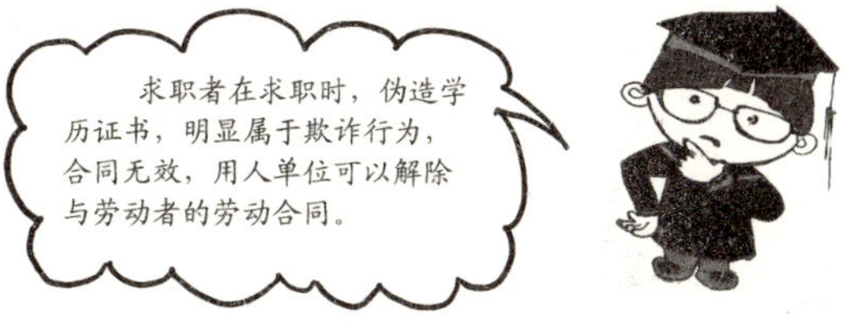

求职者在求职时，伪造学历证书，明显属于欺诈行为，合同无效，用人单位可以解除与劳动者的劳动合同。

案例重现

董某在高中毕业后独自到北京打拼,几年来一直做房产销售工作。经过长期的实践经验积累和人脉关系拓展,董某的业绩非常好,但是由于文化水平的限制,董某在公司的晋升一直受阻。2019年4月,董某托人伪造了某大学的毕业证和学位证。同年6月,董某到某房产公司应聘销售经理一职。该公司非常满意董某的工作能力和工作成绩,其毕业学校也符合该公司的要求,于是,该公司与董某签订了三年的劳动合同。入职后,公司进行个人信息核查,发现董某的毕业证和学位证编码都是错误的。经核实,董某的学历证书是伪造的,董某只具备高中学历。根据公司规定,高中学历不具备入职条件,况且董某的行为属于欺骗行为,因此,该公司认为该劳动合同是没有法律效力的。那么,凭借假学历与用人单位签订的劳动合同有效吗?

法官点评

随着就业竞争的加剧,用人单位对于劳动者学历的要求越来越高。这样,对于一些有丰富的实践经验但学历不高的求职者来说,可能就失去了直接参与竞争的机会。于是,一些求职者在求职时会谎报自己的学历,以取得用人单位面试的机会,争取签订劳动合同。根据我国《劳动合同法》第26条的规定,下列劳动合同无效或者部分无效:(1)以欺诈、胁迫的手段或者乘人之危,使对方在违背真实意思的情况下订立或者变更劳动合同的……求职者在求职时,伪造学历证书,谎报自己的学历明显属于一种欺诈行为,在这种情况下签订的劳动合同是没有法律效力的。根据我国《劳动合同法实施条例》第19条的规定,出现上述情况时,用人单位可以解除与劳动者的劳动合同。本案中,董某为了谋求更高的职位,制造了假学历,这是欺诈行为,公司发现后,可以解除与董某的劳动合同。

法律依据

《中华人民共和国劳动合同法》

第二十六条第一款 下列劳动合同无效或者部分无效：

（一）以欺诈、胁迫的手段或者乘人之危，使对方在违背真实意思的情况下订立或者变更劳动合同的；

……

《中华人民共和国劳动合同法实施条例》

第十九条 有下列情形之一的，依照劳动合同法规定的条件、程序，用人单位可以与劳动者解除固定期限劳动合同、无固定期限劳动合同或者以完成一定工作任务为期限的劳动合同：

……

（六）劳动者以欺诈、胁迫的手段或者乘人之危，使用人单位在违背真实意思的情况下订立或者变更劳动合同的；

……

65 在没有劳动合同的情形下,工伤该如何认定?

我们并没有和你签订劳动合同,所以劳动关系不存在,你受伤不能算是工伤。

我是在工作期间受的伤,公司应当赔偿我的损失。

只要劳动者能够证明与用人单位存在事实上的劳动关系,即使没有书面劳动合同,也能被认定为工伤,用人单位不能免责。

案例重现

李某应聘到某板材厂工作。由于该厂规模较小,各方面规章制度都不完善,招聘的员工基本没有签订劳动合同,李某也不例外。李某被分配到车间做板材切割工作,工作虽然轻松,但是具有一定的危险性。李某很快掌握了板材切割的方法,工作起来得心应手,也得到了车间领导和同事的认可。有一天工作时,机器突然发生了故障,李某的右手被机器切伤。李某立即被送到医院救治,但是工厂以没有和李某签订劳动合同为由,不承认李某受伤为工伤事故,拒绝支付医药费。李某认为,不是自己的原因才没签合同的,况且自己的事故是大家有目共睹的,就是发生在工作期间。那么,在没有劳动合同的情形下,工伤是如何认定的?

法官点评

只要李某能够证明与该工厂存在事实劳动关系,即使没有书面劳动合同,也能被认定为工伤。所谓事实劳动关系,是指用人单位招用劳动者后不按规定订立劳动合同,或者用人单位与劳动者以前签订过劳动合同,但是劳动合同到期后用人单位同意劳动者继续在本单位工作却没有与其及时续订劳动合同的情况。在事实劳动关系中,劳动者享有劳动保障法律法规所规定的一切权利,包括工伤保险待遇。根据我国《工伤保险条例》第18条的规定,提出工伤认定申请应当提交工伤认定申请表;与用人单位存在劳动关系(包括事实劳动关系)的证明材料;医疗诊断证明或者职业病诊断证明书(或者职业病诊断鉴定书)等材料。因此,本案中,只要李某在申请工伤认定时能够向劳动保障部门提供事实劳动关系存在的证明材料(如录用登记表、考勤表、工资单等)或者相关人证(如同事),就可以享受工伤保险待遇。

法律依据

《工伤保险条例》

第二条第二款 中华人民共和国境内的企业、事业单位、社会团体、民办非企业单位、基金会、律师事务所、会计师事务所等组织的职工和个体工商户的雇工,均有依照本条例的规定享受工伤保险待遇的权利。

第十八条 提出工伤认定申请应当提交下列材料:

(一)工伤认定申请表;

(二)与用人单位存在劳动关系(包括事实劳动关系)的证明材料;

(三)医疗诊断证明或者职业病诊断证明书(或者职业病诊断鉴定书)。

工伤认定申请表应当包括事故发生的时间、地点、原因以及职工伤害程度等基本情况。

工伤认定申请人提供材料不完整的,社会保险行政部门应当一次性书面告知工伤认定申请人需要补正的全部材料。申请人按照书面告知要求补正材料后,社会保险行政部门应当受理。

66 上班路上发生交通事故导致员工无法正常工作,用人单位可以将其解聘吗?

> 我在上班途中遭遇车祸,应当认定为工伤。你们不能解聘我!

> 你已经不能胜任工作,我们会为你办理离职手续。

> 职工在上下班途中发生交通事故受伤害的,应当认定为工伤。由此被确认丧失或部分丧失劳动能力的,用人单位不得解除与其订立的劳动合同。

案例重现

王某是某机械厂的一名老机械工,在工厂工作了十几年,一直以来对工作尽职尽责,多次被评为"先进工作者"。上周,因为突降大雨,王某怕上班路上的路况不好,就提前出门了。当王某走到一个十字路口时,一辆电动车无视红灯,风驰电掣般向王某驶来,王某没来得及刹车就被电动车撞倒在地。王某当场昏迷,医院诊断王某脑部受了重伤,需要长期住院治疗,即使病情恢复,也不能从事机械维修工作,只能干轻松的工作。该厂领导认为,王某的交通事故不仅给王某造成了伤害,更重要的是给工厂带来了损失,为了不给工厂增添更大的负担,决定将王某解聘。那么,上班路上发生交通事故导致员工无法正常工作,用人单位可以将员工解聘吗?

法官点评

王某上班的路上遭遇车祸,导致脑部受创,依照我国《工伤保险条例》第14条的规定,职工在上下班途中,受到非本人主要责任的交通事故或者城市轨道交通、客运轮渡、火车事故伤害的,应当认定为工伤,依法享受工伤保险待遇。即使王某经过一段时期的治疗后,不能胜任以前的工作,工厂也要根据王某的具体情况为他安排可以胜任的工作,而不是简单地将其解聘。我国《劳动合同法》第42条和《劳动法》第29条规定,在本单位患职业病或者因工负伤并被确认丧失或者部分丧失劳动能力的,用人单位不得解除与其订立的劳动合同。因此,工厂不能直接解聘王某。

实践中,用人单位对患职业病或者因工负伤并被确认丧失或者部分丧失劳动能力的劳动者,通常是将其安排到劳动强度不大,工作相对轻松的工作岗位,如门卫、收发室等。

法律依据

《中华人民共和国劳动合同法》

第四十二条　劳动者有下列情形之一的，用人单位不得依照本法第四十条、第四十一条的规定解除劳动合同：

……

（二）在本单位患职业病或者因工负伤并被确认丧失或者部分丧失劳动能力的；

……

《中华人民共和国劳动法》

第二十九条　劳动者有下列情形之一的，用人单位不得依据本法第二十六条、第二十七条的规定解除劳动合同：

（一）患职业病或者因工负伤并被确认丧失或者部分丧失劳动能力的；

……

《工伤保险条例》

第十四条　职工有下列情形之一的，应当认定为工伤：

……

（六）在上下班途中，受到非本人主要责任的交通事故或者城市轨道交通、客运轮渡、火车事故伤害的；

……

67 用人单位在与劳动者签合同时可以收取培训费吗？

案例重现

肖某到某保险公司应聘业务员，经过面试，肖某走到了与公司签订合同的阶段。公司告知肖某，在正式入职前，公司会对新员工进行业务知识和基本技能的培训。听到这个消息，肖某很高兴，因为通过培训可以尽快了解工作内容，更快投入工作当中。但是公司称，新员工在签订劳动合同时，需要缴纳2000元的培训费。肖某感到奇怪，公司培训应该是免费的，怎么还收费？公司的理由是：公司做培训可以提高员工的素质和专业知识，这成了员工的无形资产，即使到其他地方应聘也可以用到。肖某听着这些解释也有点道理，但还是有点迷糊。为了争取工作机会，肖某交了钱，签订了合同。那么，在法律上，用人单位有权在与劳动者签合同时收取培训费吗？

法官点评

我国《劳动法》第68条第1款规定："用人单位应当建立职业培训制度，按照国家规定提取和使用职业培训经费，根据本单位实际，有计划地对劳动者进行职业培训。"由此可知，给员工提供职业培训是用人单位的义务，其费用理应由用人单位支付，单位不能将培训费作为额外的费用要求员工承担。同时，根据我国劳动部《关于严禁用人单位录用职工非法收费的通知》第2条和第3条的规定，用人单位不得在招工条件中规定个人缴费内容，劳动行政部门要加强对用人单位录用职工行为的监督检查，对用人单位在录用职工时非法向劳动者个人收取费用的,应责令用人单位立即退还劳动者。

本案中,该保险公司对新员工收取培训费没有法律依据,肖某可以不缴纳。此外,该公司也不得以别的名目向劳动者收取费用,如集资、风险基金、培训费、抵押金、保证金等,更不能把缴费作为录用的前提条件,非法向劳动者收取费用。因此,肖某可以向公司要回收取的培训费。

法律依据

《中华人民共和国劳动法》

第六十八条 用人单位应当建立职业培训制度,按照国家规定提取和使用职业培训经费,根据本单位实际,有计划地对劳动者进行职业培训。

从事技术工种的劳动者,上岗前必须经过培训。

《劳动部关于严禁用人单位录用职工非法收费的通知》

二、用人单位不得在招工条件中规定个人缴费内容,劳动行政部门要加强对用人单位招工启示、简章的审查,对违反规定的,应给予警告,并责令其改正。

三、劳动行政部门要加强对用人单位录用职工行为的监督检查。对用人单位在录用职工时非法向劳动者个人收取费用的,应责令用人单位立即退还劳动者;对用人单位招工后不能向职工提供正常工作岗位或不能保障职工其他各项劳动权利的,应依法予以纠正;给劳动者造成经济损失的,应责令其赔偿。因此而发生的劳动争议,当事人有权向劳动争议仲裁委员会申请仲裁。

68 计件工作能否订立劳动合同？

案例重现

小芳高中毕业后没有考取大学。为了贴补家用，小芳到某零件加工厂工作。该加工厂主要是手工组装密码锁。老板告知小芳，工资结算的标准是按成品计价，每个成品1毛钱，按月进行结算。正常情况下，一个工人的月工资能达到2500元，工厂的订单量直接关系到员工的加工数量，工作具有一定的灵活性。小芳觉得该工作的工资全凭个人能力，工作不需要特殊的职业技能，是熟能生巧的活，想与该厂签订长期的劳动合同，以此保证自己工作的稳定性。但老板说，工厂的订单不是稳定的，所以并不能确保常年有工作，没办法签订劳动合同。那么，对于这种不稳定的工作，工厂应否与员工签订劳动合同呢？

法官点评

本案中，小芳所在工厂是以订单量来决定工作时长的，工作性质是计件制，不是正常情况下比较稳定的工作，没有固定的劳动期限。根据我国《劳动合同法》第12条和第15条的规定，劳动合同分为固定期限劳动合同、无固定期限劳动合同和以完成一定工作任务为期限的劳动合同。以完成一定工作任务为期限的劳动合同，是指用人单位与劳动者约定以某项工作的完成为合同期限的劳动合同。因此，小芳可以在接手一个订单的制作工作前和工厂签订针对这一项工作的劳动合同，以保障在此段工作时间内的合法权益。同时，签订劳动合同也可以令工厂在此项任务执行中没有后顾之忧，不用担心员工中途离职等问题的出现，这同时保护了工厂的利益。因此，针对计件工作，用人单位与劳动者协商一致，可以订立以完成一定工作任务为期限的劳动合同。

法律依据

《中华人民共和国劳动合同法》

第十二条　劳动合同分为固定期限劳动合同、无固定期限劳动合同和以完成一定工作任务为期限的劳动合同。

第十五条　以完成一定工作任务为期限的劳动合同，是指用人单位与劳动者约定以某项工作的完成为合同期限的劳动合同。

用人单位与劳动者协商一致，可以订立以完成一定工作任务为期限的劳动合同。

69 新招聘的员工，试用期可以是一年吗？

案例重现

2021年6月，小刚从某技校电气焊专业顺利毕业。电气焊属于实践性较强的工种，操作技术经验需要在实践中不断地积累。毕业后，小刚到一家维修公司应聘电焊工一职。该公司招聘信息中薪资待遇特别优厚，这让小刚十分满意和动心，但该公司规定，新入职的员工试用期为一年，试用期内各方面考核均达标者转为正式员工。小刚感觉，该公司的试用期太长，自己的利益得不到保障。但是公司称电焊工作是高风险的工种，在正式上岗之前都需要配备经验丰富的老师傅进行长期的指导并传授相关知识，只有这样，员工才能增长工作经验，确保实际工作中的质量，而这一阶段公司需要提供很多的财力支持。那么，该公司可以将新员工的实习期定为一年吗？

法官点评

试用期是指用人单位和劳动者双方相互了解，确定对方是否符合自己的招聘条件或求职条件而约定的考查期。对用人单位而言，试用期就是供用人单位考查劳动者是否适合其工作岗位的一项制度，给企业考查劳动者是否与录用要求相一致的时间，以避免用人单位遭受损失。对劳动者而言，在劳动合同中约定试用期，可以维护新招收职工的利益，使被录用的职工有时间考查了解用人单位的工作内容、劳动条件、劳动报酬等是否符合劳动合同的约定。在劳动合同中规定试用期，既是订立劳动合同双方当事人的权利与义务，同时也为劳动合同其他条款的履行提供了保障。试用期的期限要符合法律的规定,《劳动法》第 21 条规定,试用期最长不得超过六个月。《劳动合同法》第 19 条第 1 款又进行了详细的规定:"劳动合同期限三个月以上不满一年的,试用期不得超过一个月;劳动合同期限一年以上不满三年的,试用期不得超过二个月;三年以上固定期限和无固定期限的劳动合同,试用期不得超过六个月。"

本案中,公司将试用期设定为一年,完全不符合法律的规定,其应当根据法律设定合理试用期,不能因电焊工种的工作性质特殊就违法约定试用期。

法律依据

《中华人民共和国劳动合同法》

第十九条第一款　劳动合同期限三个月以上不满一年的,试用期不得超过一个月;劳动合同期限一年以上不满三年的,试用期不得超过二个月;三年以上固定期限和无固定期限的劳动合同,试用期不得超过六个月。

《中华人民共和国劳动法》

第二十一条　劳动合同可以约定试用期。试用期最长不得超过六个月。

70 以完成一定工作为期限的劳动合同可以设定试用期吗？

案例重现

某大型商场为了更加高效地对员工进行管理和了解员工的工作情况，并根据不同的工作情况作出详细的绩效分析和测评，决定引入一套高级的专业化软件程序。通过这一程序，商场只需记录员工所做的工作就可以得出一系列的数据，然后进行横向和纵向的综合测评，以针对不同情况加强对员工的管理。为此，该商场聘请了三名软件开发工程师，双方签订了劳动合同。工程师需要完成该商场对此软件的需求，在最短的时间内设计出软件并投入使用。由于该商场不了解这三名工程师的真实实力，为了考查他们的专业素质，特意设定了一个月的试用期，看看他们的研发能力到底怎么样。工程师认为，他们只是为了完成软件的开发，不需要通过试用期的考核。那么，以完成一定工作为期限的劳动合同可以设定试用期吗？

法官点评

根据《劳动合同法》第19条第3款的规定："以完成一定工作任务为期限的劳动合同或者劳动合同期限不满三个月的，不得约定试用期。"以完成一定工作任务为期限的劳动合同，约定的任务必须明确、具体，有任务完成的验收标准，不能笼统地做岗位描述。如软件开发任务，可以以某个软件开发任务完成作为期限，但如果只是约定软件开发，并没有明确约定某个任务，就不属于这一用工形式。而本案中，由于该劳动合同是以完成一定工作任务为期限，并且以任务的完成作为条件,只要任务完成,合同自然终止,用人单位不能再与劳动者约定试用期,也不需要向劳动者支付经济补偿金。因此,本案中,该商场与工程师约定一个月的试用期不符合法律的规定。

法律依据

《中华人民共和国劳动合同法》

第十九条第三款 以完成一定工作任务为期限的劳动合同或者劳动合同期限不满三个月的,不得约定试用期。

71 员工在试用期内频繁请假，用人单位是否可以此为由解除劳动合同？

案例重现

小王应聘到某连锁火锅店做服务员，约定试用期为两个月。在入职后的第 3 天，小王感觉自己腰疼，就按照公司的请假程序请了 3 天假，去当地的医院做了检查并在家休息了两天。但是，接下来上了 3 天班之后，小王的腰还是疼，又请了两天假去省城的医院检查。由于医院的检查结果一周后才能出来，小王因此在等待检查结果的时候又上了 5 天班。5 天之后，医院的检查结果表明小王身体确实有疾病，于是，小王直接向火锅店请了病假，没有再去上过班。试用期满之后，该火锅店认为，小王在试用期内频繁请假，不适应岗位的要求，解除了和小王的劳动合同。那么，公司以员工在试用期内频繁请假为由解除劳动合同合法吗？

法官点评

根据我国《劳动法》第 25 条规定，如果劳动者在试用期间被证明不符合岗位的录用要求，用人单位可以以此为由解除劳动合同。在本案中，小王在两个月的试用期内因病多次请假。并且，小王的病不是因为在用人单位工作导致的，不属于工伤，不能适用关于工伤病假的规定。小王在这两个月只上了 8 天班，他在试用期的出勤表现和多次去医院的诊疗行为，已经在一定程度上表明其身体健康状况不能满足火锅店对服务员这个岗位的基本要求，不能给火锅店提供持续的、有效的劳动力。小王在试用期的表现已经表明他不符合岗位的录用要求。因此，火锅店以他在试用期内频繁请假为由解除劳动合同，符合法律的规定，也符合一般日常生活经验。

法律依据

《中华人民共和国劳动法》

第二十五条 劳动者有下列情形之一的，用人单位可以解除劳动合同：

（一）在试用期间被证明不符合录用条件的；

……

72 劳动合同期满，服务期未满的怎么办？

案例重现

2017年5月，赵某到某公司应聘销售经理一职。经过层层选拔，赵某过五关斩六将成为胜利者，与该公司签订了三年的劳动合同。2018年9月，公司为了开拓国际市场，决定派赵某到国外培训半年。为此，双方签订了服务协议，协议规定，赵某在半年的培训结束后，需要为公司履行五年的服务期，服务期间不得以任何理由离开公司，否则需要向公司支付违约金。到2021年5月，公司的海外业务一直停滞不前，公司决定赵某的劳动合同到期后不再续约。但是赵某认为公司的做法是不合理的，劳动合同应该延长到服务期结束，否则他可能将承担违约责任。那么，劳动合同期满，服务期未满的怎么办？

法官点评

本案中，赵某是签订合同在先，约定服务期在后，公司在派其培训前应考虑到合同到期后是否续约的问题。服务期是用人单位以给予一定培训费用为代价，要求接受培训对价的员工为用人单位提供相应服务的约定。签订服务期协议后，员工为公司服务的期限就不仅仅受劳动合同期限约束，也受到服务期协议期限的约束。如要在服务期内提前离职，将会承担相应的违约责任。根据我国《劳动合同法实施条例》第17条的规定，劳动合同期满，服务期尚未到期的，劳动合同应当续延至服务期满。所以，双方在签订服务协议时，并未对劳动合同期满后如何处理的问题有任何约定，那么赵某应与公司协商续签劳动合同。

法律依据

《中华人民共和国劳动合同法实施条例》

第十七条　劳动合同期满，但是用人单位与劳动者依照劳动合同法第二十二条的规定约定的服务期尚未到期的，劳动合同应当续延至服务期满；双方另有约定的，从其约定。

73 用人单位胁迫他人签订的劳动合同有效吗？

案例重现

张某到上海某投资公司应聘。张某是上海财经大学的优等生，专业素质和业务能力都非常好，是面试人员里综合素质最好的一个，公司的领导也非常看重张某的能力，决定录用张某。公司承诺入职后解决张某的户口问题，并将张某的档案材料接收到了公司。在签订劳动合同时，合同中有一款规定公司可以根据实际工作情况安排员工无偿加班，张某觉得这项规定是不合理的，严重干涉了自己工作时间以外的个人空间。张某跟人力资源部门协商无果，于是决定不签劳动合同。但是人力资源部门的工作人员威胁张某，称他的档案资料已经在公司手上，如果不签订合同，也别想拿走档案。张某无可奈何，只好签订了劳动合同。那么，用人单位胁迫他人签订的劳动合同有效吗？

法官点评

本案中，张某对公司的合同是持有异议的，觉得公司的规定占用了自己的私人时间，侵害了自己的合法权益。张某在与公司协商无果后决定不签此合同，但是公司以扣押张某档案胁迫其签订了合同。因为个人档案是一个人一生生命轨迹的缩写，是用人单位了解一个人情况的重要资料，没有档案张某将无法顺利地找到工作，后果很严重。根据《劳动合同法》第26条第1款的规定，以欺诈、胁迫的手段或者乘人之危，使对方在违背真实意思的情况下订立或者变更劳动合同的，劳动合同无效或者部分无效。所以，本案中，张某因受威胁而签订的劳动合同是无效的，张某可以依法向公司索要档案。

法律依据

《中华人民共和国劳动合同法》

第二十六条第一款　下列劳动合同无效或者部分无效：

（一）以欺诈、胁迫的手段或者乘人之危，使对方在违背真实意思的情况下订立或者变更劳动合同的；

……

74 去哪里确认劳动合同是否有效？

案例重现

顺利地从某高校计算机专业毕业后，王某到处投简历，但都石沉大海。由于一直都没找到称心如意的工作，王某渐渐对工作持绝望的态度。后来，经同学介绍，王某到一家网络公司做程序员。因为是同学介绍，而且公司承诺的待遇不错，王某没有看合同条款就与该公司签订了劳动合同。但是入职半年了，公司还没有给王某缴纳社会保险。王某找公司了解情况，公司称：公司规模小，没有财力给员工缴纳保险费，合同中也约定公司无须给员工缴纳保险费。王某觉得缴纳保险是公司的义务，不缴纳保险，合同就是无效的。但公司称，合同是在王某确认无异议后签订的，签订后就意味着承认合同的内容，合同是合法的。那么，去哪里确认劳动合同是否有效？

法官点评

本案中，王某和公司签订的合同中约定公司不给员工缴纳社会保险费，但是社会保险费是由单位和个人按照国家相关规定按照一定比例共同承担的，公司单方面不缴纳保险费是不合法的。针对签订的合同，公司称并没有欺瞒王某，而王某认为公司应该承担缴纳保险费的义务，此时，双方的争议就涉及合同的效力问题。根据《劳动合同法》第26条的规定，用人单位免除自己的法定责任、排除劳动者权利或者违反法律、行政法规强制性规定的劳动合同为无效或者部分无效合同。对劳动合同的无效或者部分无效有争议的，由劳动争议仲裁机构或者人民法院确认。因此，此案中，王某和公司对劳动合同的无效或者部分无效有争议，应提请劳动争议仲裁机构或者人民法院确认。

法律依据

《中华人民共和国劳动合同法》

第二十六条　下列劳动合同无效或者部分无效：

（一）以欺诈、胁迫的手段或者乘人之危，使对方在违背真实意思的情况下订立或者变更劳动合同的；

（二）用人单位免除自己的法定责任、排除劳动者权利的；

（三）违反法律、行政法规强制性规定的。

对劳动合同的无效或者部分无效有争议的，由劳动争议仲裁机构或者人民法院确认。

75 劳动合同部分无效影响其他条款的效力吗？

案例重现

2020年10月，小李跳槽到某电商企业做客服代表。由于小李身体状况不太好，所以对上班时长比较在意。在入职前，小李拿到了劳动合同，在工作时间上，该公司明确规定了一周工作五天，实行八小时工作制，必要时无偿加班。小李对工作时间非常满意，认为这样可以保证自己有充足的体力投入工作。于是，和该企业签订了劳动合同。入职后，小李发现工作时间并不像合同中承诺的那样，由于经常搞促销活动，加班成了家常便饭，而且是无偿的。小李对此很气愤，认为劳动合同是无效的。小李向劳动争议仲裁机构反映了情况，证实了无偿加班为无效条款，但是合同的其他条款都是有效的。那么，劳动合同部分无效影响其他条款的效力吗？

法官点评

本案中，小李时常加班但是没有得到相应的报酬，公司无偿占有了小李加班所产生的价值，这对小李是不公平的，小李对此合同的法律效力有异议，无法判断其是否有效。根据《劳动合同法》第26条和第27条的规定，对劳动合同的无效或者部分无效有争议的，由劳动争议仲裁机构或者人民法院确认；劳动合同部分无效，不影响其他部分效力的，其他部分仍然有效。本案中，根据劳动仲裁机构的确认，加班没有报酬这一条款是无效的，其他条款是符合法律规定的，这就说明，此合同是部分无效，其他部分仍然有效。

法律依据

《中华人民共和国劳动合同法》

第二十六条第二款 对劳动合同的无效或者部分无效有争议的,由劳动争议仲裁机构或者人民法院确认。

第二十七条 劳动合同部分无效,不影响其他部分效力的,其他部分仍然有效。

76 支付加班费和奖金是用工单位应履行的义务吗？

案例重现

2021年1月，王某进城打工，经过面试，成了某家劳务派遣公司的一名员工。双方签订了两年的劳动合同，并约定合同期间王某将被公司派遣到某玩具加工厂从事玩具加工工作，保底工资2000元，提成根据加工数量计算，每个合格的玩具提成为1元，工资由派遣单位支付。入职玩具厂后，双方签订了《劳务派遣人员聘用协议》。由于工厂接到了大的订单，为了按时交货，工厂决定全员加班进行生产，并承诺订单结束后发放奖金。王某为了多挣点钱拼命地干活，业务量名列前茅，但是结算工资时，用人单位却没有支付王某奖金及加班费。王某找领导理论，领导称当时签订协议时并没有提到发放奖金。那么，在加班事实已经产生的情况下，支付加班费和奖金是用工单位应履行的义务吗？

法官点评

王某的加班费和奖金应由用工单位即本案中的玩具厂来承担。劳务派遣用工应与用工单位的其他职工享受同工同酬的待遇，支付加班费和奖金就是福利待遇的具体体现。用工单位在实际组织生产的过程中，要求工作人员加班加点是在所难免的，同时又由于加班加点具有不特定性，一般不会在用工协议中明确约定其费用的支付情况，但依据我国《劳动合同法》第62条的规定，支付加班费、绩效奖金，提供与工作岗位相关的福利待遇是用工单位的一项法定义务。因此，具体到本案，玩具厂作为实际用工单位，应当向王某支付加班费和奖金。

法律依据

《中华人民共和国劳动合同法》

第六十二条　用工单位应当履行下列义务：

（一）执行国家劳动标准，提供相应的劳动条件和劳动保护；

（二）告知被派遣劳动者的工作要求和劳动报酬；

（三）支付加班费、绩效奖金，提供与工作岗位相关的福利待遇；

（四）对在岗被派遣劳动者进行工作岗位所必需的培训；

（五）连续用工的，实行正常的工资调整机制。

用工单位不得将被派遣劳动者再派遣到其他用人单位。

77 原公司安排员工到新公司任职，工作年限如何计算？

案例重现

截止到2021年4月，李某在张某的公司已经任职五年了。从最开始的出纳升职到今天的公司财务总监，五年来，李某的业务素质不断提高，综合能力也非常强，张某很赏识李某的才华和专业能力。最近，张某的弟弟成立了一家广告公司，该公司需要一名业务能力非常强的财务人员来管理公司的财务事宜，张某作为哥哥考虑到广告公司的长远发展，决定派李某到广告公司工作，指导和开展财务工作。但是李某对自己的工作年限问题存有疑问，自己在原公司已经有五年的工作年限，现在又被派到广告公司工作，自己的工作年限该如何认定呢？那么，在法律上，原公司安排员工到新公司任职，工作年限是如何计算的？

法官点评

我国《劳动合同法实施条例》第10条规定："劳动者非因本人原因从原用人单位被安排到新用人单位工作的，劳动者在原用人单位的工作年限合并计算为新用人单位的工作年限。原用人单位已经向劳动者支付经济补偿的，新用人单位在依法解除、终止劳动合同计算支付经济补偿的工作年限时，不再计算劳动者在原用人单位的工作年限。"李某因服从原用人单位的安排被派往新的用人单位工作，其在原用人单位工作的五年应合并计入新用人单位的工作年限。

法律依据

《中华人民共和国劳动合同法实施条例》

第十条 劳动者非因本人原因从原用人单位被安排到新用人单位工作的,劳动者在原用人单位的工作年限合并计算为新用人单位的工作年限。原用人单位已经向劳动者支付经济补偿的,新用人单位在依法解除、终止劳动合同计算支付经济补偿的工作年限时,不再计算劳动者在原用人单位的工作年限。

78 劳动者依法享受养老保险待遇后，劳动合同还有效吗？

案例重现

董某所在的单位实行劳动合同聘用制，劳动合同每三年续签一次。2019年9月，48周岁的董某与单位续签了三年的劳动合同。到2020年10月，董某年满50周岁，该单位通知董某办理退休手续，终止所在岗位的工作。董某拒绝办理退休，她认为自己与单位签订的劳动合同还没有到期，单位不能单方面辞退员工，因为这样会严重影响员工的正常生活安排；如果单位要在劳动合同没到期之前辞退自己，单位应进行赔偿，承担相应的法律责任，或者至少进行工龄补偿。但是单位给出的理由是董某已经满50周岁，到了法定的退休年龄，应该按照法定程序办理退休事宜，领取养老金。双方各执一词，相互不能说服对方。那么，劳动者依法享受养老保险待遇后，劳动合同还有效吗？

法官点评

职工到了退休年龄，就算双方签订的劳动合同还没有到期，用人单位也可以"辞退"员工，准确地讲应该是劳动合同已经终止。根据我国《劳动合同法》第44条第2项的规定，劳动者开始依法享受基本养老保险待遇的，劳动合同终止。所以案例中董某认为，自己虽然到了50周岁，但与用人单位签订的劳动合同还没有到期就被用人单位"辞退"，属于违法解雇，这是对法律的误解。

国家法定的企业职工退休年龄是：男年满60周岁，女工人年满

50周岁，女干部年满55周岁。从事井下、高空、高温、特别繁重体力劳动或其他有害身体健康工作的，退休年龄为男年满55周岁，女年满45周岁；因病或非因工致残，由医院证明并经劳动鉴定委员会确认完全丧失劳动能力的，退休年龄为男年满50周岁，女年满45周岁。劳动者达到退休年龄，开始领取养老保险后，原先的劳动合同终止。因此，劳动者依法享受养老保险待遇后，劳动合同自然终止。

法律依据

《中华人民共和国劳动合同法》

第四十四条 有下列情形之一的，劳动合同终止：

（一）劳动合同期满的；

（二）劳动者开始依法享受基本养老保险待遇的；

……

《中华人民共和国劳动合同法实施条例》

第二十一条 劳动者达到法定退休年龄的，劳动合同终止。

79 未足额支付劳动报酬的，劳动者该如何维权？

案例重现

高中毕业的小明到广州打工，经熟人介绍，进入了一家玩具制造厂工作。小明与该工厂签订了一年的劳动合同，合同规定，员工的工资包括底薪和提成两部分，提成根据完成的合格产品的数量来确定，每完成一件合格的产品提成1元。小明是个勤劳的员工，每天下班后都主动加班，小明想这样不仅可以多挣提成，而且在一定程度上为提前完成订单做出了贡献。但是在结算工资时，小明的实际收入远低于自己的工作量应得的。小明以为是计件师傅弄错了数量，但是后来财务处告知小明，合同上并没有写加班费一项，小明加班是出于自愿的，此阶段的工作量不计入提成。小明对此很不解，虽然加班是自愿的，但是也给工厂带来了效益。那么，未足额支付劳动报酬的，劳动者该如何维权？

法官点评

本案中，该厂对工资的支付方式做了明确的规定，理应按照合同办事，但是该厂以小明自愿加班为由拒绝支付相应的加班报酬，这是违法的行为。根据《劳动合同法》第30条的规定："用人单位应当按照劳动合同约定和国家规定，向劳动者及时足额支付劳动报酬。用人单位拖欠或者未足额支付劳动报酬的，劳动者可以依法向当地人民法院申请支付令，人民法院应当依法发出支付令。"针对小明的情况，该厂在合同中明确规定实行底薪加提成的工资标准，但是小明多劳却未获得相应的报酬。小明加班虽然出于自愿，但同时为工厂创造了利益，工厂只看到了问题的一方面，是片面的。因此，如果经协商工厂还不补齐小明的劳动所得，那么小明可以依法向当地人民法院申请支付令。

法律依据

《中华人民共和国劳动合同法》

第三十条　用人单位应当按照劳动合同约定和国家规定，向劳动者及时足额支付劳动报酬。

用人单位拖欠或者未足额支付劳动报酬的，劳动者可以依法向当地人民法院申请支付令，人民法院应当依法发出支付令。

80 员工泄露公司机密应承担什么责任？

案例重现

杨某是某保险公司的业务代表，每天都为办理业务的人提供服务，在受理客户问题时会要求客户填写基本信息，包括姓名、联系电话、家庭住址、投保险种、投保金额等。通过这些信息，公司可以清楚地判断客户的经济状况和社会需求。公司规定，客户的基本信息属于公司的商业机密，任何人不得以任何理由通过任何方式向第三方透露。但是杨某为了增加自己的收入，铤而走险将客户的信息卖给了某通信公司。某通信公司通过手机号码向客户推销各种业务，经常扰乱客户的生活。之后客户通过该通信公司得知，是杨某将信息泄露了，于是客户向保险公司投诉杨某，并要求保险公司进行赔偿。杨某的泄密行为给公司带来了巨大损失，公司决定解聘杨某。那么，员工泄露公司机密应承担什么责任？

法官点评

劳动者在用人单位的工作岗位上，应当做好本职工作。由于很多的工作岗位掌握着公司、企业的商业秘密，劳动者更应该保守这些商业秘密，不能因为利益的诱惑就失去了原则，就如杨某一样将手里的商业秘密变为自己的私利。我国《劳动合同法》第39条规定，劳动者严重失职，营私舞弊，给用人单位造成重大损害的，用人单位可以解除劳动合同。同时，《劳动合同法》第90条和《劳动法》第102条都规定，劳动者违反保密事项，对用人单位造成经济损失的，应当依法承担赔偿责任。杨某将公司的商业秘密私自出卖给他人，造成客户向保险公司投诉并要求赔偿的后果，给公司带来经济损失，杨某应当在解除与公司的劳动合同的同时赔偿公司的损失，具体数额由双方协商确定。

法律依据

《中华人民共和国劳动合同法》

第三十九条 劳动者有下列情形之一的，用人单位可以解除劳动合同：

……

（三）严重失职，营私舞弊，给用人单位造成重大损害的；

……

第九十条 劳动者违反本法规定解除劳动合同，或者违反劳动合同中约定的保密义务或者竞业限制，给用人单位造成损失的，应当承担赔偿责任。

《中华人民共和国劳动法》

第一百零二条 劳动者违反本法规定的条件解除劳动合同或者违反劳动合同中约定的保密事项，对用人单位造成经济损失的，应当依法承担赔偿责任。

81 员工非因工负伤导致无法正常工作的，用人单位该怎么办？

案例重现

老周是某化肥厂的员工，在工厂工作已经快 20 年了，是工厂的元老级工人。一天，老周和老伴在公园里散步，一不小心踩到了地上的香蕉皮，摔倒在地，腰部受了重伤。由于老周上了年纪，骨质疏松，等到伤病恢复后留下了腰疼的后遗症，无法再胜任车间里的重体力工作。为了照顾老周的身体状况，单位领导安排老周到门口的收发室工作，每天不用来回走动，坐着工作就行。然而，老周的腰伤不能长时间保持一个姿势，需要经常到室外活动活动，但收发室不能离开人，所以老周觉得自己应付不了，拒绝上岗。单位领导觉得，如果不费体力的工作也做不了，那就没有工作适合老周了，只能将其解聘。那么，员工非因工负伤导致无法正常工作的，用人单位该怎么办？

法官点评

劳动者患病或者非因工负伤，在规定的医疗期满后应当及时回到工作岗位工作。但是一个人在患病或负伤以后，就算康复了，可能从体能、技能上来说也不如以前，可能无法从事原工作，尤其是一些技术工、体力活。劳动者出现这样的情况，用人单位应当根据劳动者的具体情况对其进行劳动岗位的变更，使其最大限度地发挥才能。老周在车间工作，属于技术工、体力活，他在非因工负伤痊愈后，体能下降，不能从事重体力工作，单位领导让其到收发室工作,就是照顾他的表现。但是老周觉得收发室工作需要有人时刻在岗,自己的身体状况可能需要适当的室外活动,不能保证一直在岗,所以拒绝上岗。依据我国《劳动合同法》第40条的规定,劳动者患病或者非因工负伤,在规定的医疗期满后不能从事原工作,也不能从事由用人单位另行安排的工作的,用人单位提前30日以书面形式通知劳动者本人或者额外支付劳动者一个月工资后,可以解除劳动合同。因此,工厂在老周拒绝到收发室工作后,可以根据法律程序将其解聘。

法律依据

《中华人民共和国劳动合同法》

第四十条 有下列情形之一的,用人单位提前三十日以书面形式通知劳动者本人或者额外支付劳动者一个月工资后,可以解除劳动合同:

(一)劳动者患病或者非因工负伤,在规定的医疗期满后不能从事原工作,也不能从事由用人单位另行安排的工作的;

……

82 单位因破产解聘员工，多发的一个月工资是什么？

案例重现

2020年以来，小萍所在的外贸企业因业务量急剧下降，效益太差，导致无法正常经营，已经按照法定程序申请了破产。小萍和同事们得到这个消息时非常意外，大家之前都没有做好跳槽的准备，感到措手不及。企业领导向大家解释了破产的原因，希望大家理解。为了补偿员工的经济损失，公司决定在与员工解除劳动合同时多发一个月的工资。大家听了领导的解释后也理解了公司的处境和困难，为了不为难领导，都欣然接受了一个月工资的补偿条件。事后，小萍和同事们谈论补偿费的时候弄不明白，多发的一个月工资是什么性质，到底是大家应得的还是公司出于人道主义所为。那么，单位因破产解聘员工，多发的一个月工资是什么？

法官点评

本案中，该企业因效益低下无法维持正常运营，员工的工资也就成了企业的负担，所以经过考虑，决定与所有员工解除劳动合同，并多发一个月的工资。根据我国《劳动合同法实施条例》第20条和《劳动合同法》第44条的规定，用人单位被依法宣告破产的，劳动合同可以终止。选择额外支付劳动者一个月工资解除劳动合同的，其额外支付的工资应当按照该劳动者上一个月的工资标准确定。因此，本案中该企业因已经申请破产而无法再经营，解除劳动合同时应按法律规定额外支付劳动者一个月的工资。该企业的做法是符合法律规定的,该企业选择多支付员工一个月工资来解除合同,这一个月工资是员工应得的。

法律依据

《中华人民共和国劳动合同法实施条例》

第二十条　用人单位依照劳动合同法第四十条的规定,选择额外支付劳动者一个月工资解除劳动合同的,其额外支付的工资应当按照该劳动者上一个月的工资标准确定。

《中华人民共和国劳动合同法》

第四十四条　有下列情形之一的,劳动合同终止:

……

(四)用人单位被依法宣告破产的;

……

83 用人单位依法终止工伤职工的劳动合同，员工可以得到什么补偿？

案例重现

肖某是某采石场的一名工人。由于采石场的工作具有一定的危险性，在户外工作时肖某一般十分小心谨慎。一天，肖某所在的工作队要对某山体进行开采，爆破小组用炸药进行了山体爆破，肖某和其他工友带着工具进行石材的开采。不料，当肖某用镐头挖开一块巨石后，山顶的岩石松动，石块纷纷滚下来，肖某不幸被石头压住，导致头部和脊椎骨折，后被认定为工伤。经医院治疗后，肖某不能从事以前的工作。经相关部门鉴定，肖某为九级伤残，丧失大部分劳动能力。同年12月，肖某与单位的合同到期后，用人单位依法终止了与肖某的劳动合同。那么，用人单位依法终止工伤职工的劳动合同，员工可以得到什么补偿？

法官点评

我国《劳动合同法实施条例》第23条规定："用人单位依法终止工伤职工的劳动合同的，除依照劳动合同法第四十七条的规定支付经济补偿外，还应当依照国家有关工伤保险的规定支付一次性工伤医疗补助金和伤残就业补助金。"同时，我国《劳动合同法》第45条规定："丧失或者部分丧失劳动能力劳动者的劳动合同的终止，按照国家有关工伤保险的规定执行。"最后，根据我国《工伤保险条例》第37条规定，职工因工致残被鉴定为九级伤残的，享受以下待遇：(1) 从工伤保险基金按伤残等级支付一次性伤残补助金，标准为：九级伤残为9个月的本人工资；(2) 劳动、聘用合同期满终止，或者职工本人提出解除劳动、聘用合同的，由工伤保险基金支付一次性工伤医疗补助金，由用人单位支付一次性伤残就业补助金。一次性工伤医疗补助金和一次性伤残就业补助金的具体标准由省、自治区、直辖市人民政府规定。

本案中，肖某因工致残，与用人单位的劳动关系依法终止，应当获得经济补偿金以及依其伤残等级应当获得的一次性工伤医疗补助金和伤残就业补助金。

法律依据

《中华人民共和国劳动合同法实施条例》

第二十三条 用人单位依法终止工伤职工的劳动合同的，除依照劳动合同法第四十七条的规定支付经济补偿外，还应当依照国家有关工伤保险的规定支付一次性工伤医疗补助金和伤残就业补助金。

《中华人民共和国劳动合同法》

第四十五条 劳动合同期满，有本法第四十二条规定情形之一的，劳动合同应当续延至相应的情形消失时终止。但是，本法第四十二条第二项规定丧失或者部分丧失劳动能力劳动者的劳动合同的终止，按照国家有关工伤保险的规定执行。

《工伤保险条例》

第三十七条 职工因工致残被鉴定为七级至十级伤残的，享受以下待遇：

（一）从工伤保险基金按伤残等级支付一次性伤残补助金，标准为：七级伤残为13个月的本人工资，八级伤残为11个月的本人工资，九级伤残为9个月的本人工资，十级伤残为7个月的本人工资；

（二）劳动、聘用合同期满终止，或者职工本人提出解除劳动、聘用合同的，由工伤保险基金支付一次性工伤医疗补助金，由用人单位支付一次性伤残就业补助金。一次性工伤医疗补助金和一次性伤残就业补助金的具体标准由省、自治区、直辖市人民政府规定。

84 用人单位以女员工怀孕无法出差为由将其辞退,是否合法?

案例重现

2018年8月,小余和某劳务派遣公司签订了为期五年的劳动合同,小余成为该公司的一名人力。由于工作性质的原因,小余要经常到各地出差,虽然有点累,但是她表现得格外出色。今年5月,小余感到身体不适,在医院检查之后得知已经怀孕一个多月了。6月,小余又被派到西安出差。从西安出差回来之后,小余感觉自己身体虚弱了很多,便到医院检查。医院诊断小余有先兆性流产的症状。于是,小余和公司积极沟通,商量自己不出差,并寻找替代解决方案。然而,公司以小余不服从工作安排,严重违反公司的规章制度为由,解除了和小余的劳动合同。小余很不服气,认为公司不顾这么多年自己作出的贡献,而因为自己怀孕不能出差就解除了劳动合同很不合理。那么,公司可以这样做吗?

法官点评

怀孕对女性来说本来是一件喜事,然而,在现实生活中,一些公司因为女性怀孕而要求其加班、出差、降薪,以此逼其辞职,或者直接解除劳动合同。为了保障女职工权益,我国《劳动合同法》第42条已经明确规定,对于在孕期、产期、哺乳期的女职工来说,不得对其实施无过失性辞退(《劳动合同法》第40条)和经济性裁员(《劳动合同法》第41条)的规定。我国《女职工劳动保护特别规定》第6条第1款明确规定,用人单位应当对怀孕的女职工进行保护，如果女职工不能适应原劳动的，用人单位应当减少劳动量或者安排其他能够适应的劳动。也就是说，公司应该妥善安排怀孕后的女职工。当然，如果孕期的女职工严重违反了公司的规章制度，公司照样可以与其解除劳动合同。

具体到上面的案例中，小余在怀孕一个多月，并且有先兆流产的症状之后，已经不再适合出差的工作。此时，小余积极与公司沟通，商量替代性的解决方案，但是公司没有在小余怀孕期间减轻工作量或者变通工作方式，反而以不服从工作安排、严重违反公司规则制度为由解除了和小余的劳动合同。公司的做法是不合法的，其没有给小余的工作做变通安排，也没有充分理由证明小余严重违反公司制度。小余可以向当地的劳动部门投诉。同时，她还可以向劳动仲裁委员会申请仲裁，要求公司支付相应的赔偿金，以维护自己的合法权益。

法律依据

《中华人民共和国劳动合同法》

第三十九条 劳动者有下列情形之一的，用人单位可以解除劳动合同：

……

（二）严重违反用人单位的规章制度的；

……

第四十条 有下列情形之一的，用人单位提前三十日以书面形式通知劳动者本人或者额外支付劳动者一个月工资后，可以解除劳动合同：

（一）劳动者患病或者非因工负伤，在规定的医疗期满后不能从事原工作，也不能从事由用人单位另行安排的工作的；

（二）劳动者不能胜任工作，经过培训或者调整工作岗位，仍不能胜任工作的；

（三）劳动合同订立时所依据的客观情况发生重大变化，致使劳动合同无法履行，经用人单位与劳动者协商，未能就变更劳动合同内容达成协议的。

第四十一条第一款 有下列情形之一，需要裁减人员二十人以上或者裁减不足二十人但占企业职工总数百分之十以上的，用人单位提前三十日向工会或者全体职工说明情况，听取工会或者职工的意见后，裁减人员方案经向劳动行政部门报告，可以裁减人员：

（一）依照企业破产法规定进行重整的；

（二）生产经营发生严重困难的；

（三）企业转产、重大技术革新或者经营方式调整，经变更劳动合同后，仍需裁减人员的；

（四）其他因劳动合同订立时所依据的客观经济情况发生重大变化，致使劳动合同无法履行的。

第四十二条 劳动者有下列情形之一的，用人单位不得依照本法第四十条、第四十一条的规定解除劳动合同：

……

（四）女职工在孕期、产期、哺乳期的；

……

《女职工劳动保护特别规定》

第六条第一款 女职工在孕期不能适应原劳动的，用人单位应当根据医疗机构的证明，予以减轻劳动量或者安排其他能够适应的劳动。

85 员工自愿不交社保，后又反悔要求公司补缴，产生的滞纳金由谁承担？

案例重现

大学毕业后，小蒋进入一家设计公司工作。才毕业的时候，小蒋的工资不高，还要负担房租水电等费用，压力很大。为了省下个人所负担的社保费用，小蒋主动向公司提出，公司不需要给自己缴纳社会保险。同时，自己也不再向公司就社保问题主张任何权益，还签署了放弃社保申请的声明书。两年之后，小蒋的工资涨了不少，经济上已经没有太大压力了。随着社会阅历的增加，小蒋意识到社会保险对于个人来说是很有必要的，他也知道公司是应当为自己缴纳社会保险的。于是，他要求公司为自己补缴这两年的社保费用，公司以小蒋自愿放弃缴纳社保费用为由而拒绝。随后，小蒋向当地的劳动监察部门举报，要求公司为自己补缴社保费用。最终，公司被罚，不仅补缴了小张的社保费用，还缴纳了滞纳金。公司的负责人很不服气，他认为，明明是小蒋自愿提出不缴纳社保的，滞纳金应当由小蒋承担。那么，未缴社保费产生的滞纳金应当由谁承担呢？

法官点评

根据我国《劳动法》第3条、《劳动合同法》第38条的规定，劳动者享有社会保险的福利，用人单位应当依法为劳动者缴纳社会保险的费用，这是用人单位的法定义务。然而，社会保险费用之缴纳，不仅需要用人单位的积极履行，还需要劳动者的配合。在上面的案例中，公司没有为小蒋缴纳社保费用，公司具有一定的过错，应当承担相应的责任。然而小蒋作为一个完全民事行为能力人，能够意识到自己行为的后果，对公司没有缴纳社保的行为也具有一定的责任。并且，小蒋自愿向公司申请不缴社保，后又反悔，要求公司补缴社保，已经违反了我国《民法典》第7条规定的诚信原则。综合来看，对于公司补缴社保费用产生的滞纳金，公司和小蒋都有责任承担，可以协商各担一半或者按一定比例承担。

法律依据

《中华人民共和国劳动法》

第三条 劳动者享有平等就业和选择职业的权利、取得劳动报酬的权利、休息休假的权利、获得劳动安全卫生保护的权利、接受职业技能培训的权利、享受社会保险和福利的权利、提请劳动争议处理的权利以及法律规定的其他劳动权利。

《中华人民共和国劳动合同法》

第三十八条 用人单位有下列情形之一的，劳动者可以解除劳动合同：

……

（三）未依法为劳动者缴纳社会保险费的；

……

《中华人民共和国民法典》

第七条 民事主体从事民事活动，应当遵循诚信原则，秉持诚实，恪守承诺。

86 员工拒绝用人单位调整工作地点，不去工作，公司是否可以此为由解除劳动合同？

案例重现

5年前，大学刚毕业的张小小到某建筑公司工作。张小小和公司签订了为期8年的劳动合同，劳动合同中约定，张小小的工作地点须服从公司工作安排。后来，张小小工作努力、业绩突出，成为该建筑公司武汉分公司的一名经理。今年，公司准备在西南地区设立分公司，需要有人去那边开拓业务，公司派张小小去西南地区的分公司工作。然而，五年期间，张小小已经在武汉结婚生子、安家置业，他不想离开自己的妻子和孩子去其他城市生活。在公司向张小小下发通知后，他通过邮件的方式向公司表达了自己的想法，但公司仍将张小小安排至西南某地区工作，张小小没有按公司要求到岗上班。公司认为，张小小无故旷工，严重违反了公司的规章制度，向张小小下发了解除劳动合同的函件。那么，公司是否可以以此为由解除劳动合同呢？公司的做法是否合法？

法官点评

工作地点不仅仅是劳动者工作的场所，也是劳动者日常生活的地点，如果一味地要求劳动者服从公司的安排，按照公司的经营需求去调整工作地点，已经超出了合理的范围，对劳动者日常生活造成了较大的影响，那就属于对劳动者合法权益的侵害。在现实生活中，有的公司为了使员工"招之即来，挥之即去"，在劳动合同中会作出如"工作地点按公司安排而定"的条款。根据《劳动合同法》第 26 条的规定，用人单位免除自己的法定责任、排除劳动者权利的条款属于无效条款，那么，用人单位任意调整工作地点，不考虑员工实际情况的，亦属于无效。

具体到上面的案例，公司与张小小的劳动合同中所约定"工作地点须服从公司工作安排"，如果公司不考虑张小小的实际情况，妄加安排，那么这条规定是无效的。也就是说，公司在没有和张小小协商，没有考虑到其长期在武汉生活，就强行调整张小小的工作地点，是不合理的，也是无效的。公司不能以此为由，认定张小小拒不到岗工作是违反公司的规章制度，更不能与之解除劳动合同。张小小可以向公司要求赔偿。

法律依据

《中华人民共和国劳动合同法》

第二十六条　下列劳动合同无效或者部分无效：

……

（二）用人单位免除自己的法定责任、排除劳动者权利的；

……

第三十九条　劳动者有下列情形之一的，用人单位可以解除劳动合同：

……

（二）严重违反用人单位的规章制度的；

……

87 女员工被男同事骚扰，可以怎么办？

案例重现

顾某大学毕业后，便到某物流公司行政部门工作。顾某长得非常漂亮，又有气质，在她入职不久后，同事吴某经常找借口来接近她。后来，顾某故意疏远吴某。一天，顾某在公司加班，吴某当天也在加班。在顾某准备回家时，吴某称要送她回家，顾某拒绝。但吴某死缠烂打，对顾某动手动脚，还故意搂住顾某的腰。对此，顾某非常害怕。后来，吴某经常以各种借口骚扰顾某，有时甚至给顾某发一些色情信息。顾某和自己的好朋友说了被吴某骚扰的事情，好朋友让顾某向公司领导反映。那么请问，女员工被男同事骚扰，可以怎么办？

法官点评

在社会生活中，有很多女性在遭遇性骚扰后，出于各种原因而忍气吞声，此种做法会损害自身的合法权益。女员工在遭遇男同事骚扰时，可以采取哪些方式维护自己的合法权利呢？对此，首先，《民法典》第1010条规定，违背他人意愿，以言语、文字、图像、肢体行为等方式对他人实施性骚扰的，受害人有权依法请求行为人承担民事责任。机关、企业、学校等单位应当采取合理的预防、受理投诉、调查处置等措施，防止和制止利用职权、从属关系等实施性骚扰。其次，我国《妇女权益保障法》第40条规定，禁止对妇女实施性骚扰。受害妇女有权向单位和有关机关投诉。最后，《女职工劳动保护特别规定》第11条也规定，在劳动场所，用人单位应当预防和制止对女职工的性骚扰。由此可见，女员工在遭受性骚扰后，可以向单位和有关机关投诉。此外，对于机关、企业、学校等用人单位而言，也应当采取措施，制止相关人员对他人实施性骚扰。同时，受害人还有权依法请求行为人承担民事责任。

在上面的案例中，顾某遭受公司同事吴某的骚扰时，可以同时通过以下途径维护自己的权益：（1）要求吴某承担民事责任；（2）向公司或者有关单位进行投诉。在顾某向公司领导反映吴某的行为后，其所在单位应当采取合理的措施制止吴某的行为。

法律依据

《中华人民共和国民法典》

第一千零一十条 违背他人意愿，以言语、文字、图像、肢体行为等方式对他人实施性骚扰的，受害人有权依法请求行为人承担民事责任。

机关、企业、学校等单位应当采取合理的预防、受理投诉、调查处置等措施，防止和制止利用职权、从属关系等实施性骚扰。

《中华人民共和国妇女权益保障法》

第四十条 禁止对妇女实施性骚扰。受害妇女有权向单位和有关机关投诉。

《女职工劳动保护特别规定》

第十一条 在劳动场所，用人单位应当预防和制止对女职工的性骚扰。

第 6 章

社会治安法律常识

88 谎称自己感染了传染病导致恐慌，将要承担何种法律责任？

案例重现

方某是某公司人力资源部门的工作人员。2021年1月，方某想早日回家看望父母，便向公司提出请假请求。公司的领导告诉方某，今年春节国家倡导就地过年，而且现在是年底，公司业务非常繁忙，距离放假还有一段时间，故不能批准方某的请假申请。后来，方某为了逃避上班，再次联系领导，称自己接触过来自疫区的人，疑似感染了新冠病毒，并有发烧、咳嗽的症状。公司的同事听说后，都非常害怕，并向上级部门报告。方某及其同事被安排进行核酸检测并隔离。然而，方某没有想到自己的一个谎言居然会引起如此大的恐慌。于是，方某向有关部门说了实话，称自己是为了逃避上班谎称可能感染了新冠病毒。那么请问，谎称自己感染了传染病导致恐慌，将要承担何种法律责任？

法官点评

谎称自己患有传染病导致恐慌,将会承担相应的行政责任,严重的还会被追究刑事责任。谎称患有传染病不仅会导致他人的恐慌,也会导致社会公共秩序的混乱,甚至造成巨大的经济损失。因此,为惩罚此种行为,维护公共秩序安全稳定,我国《治安管理处罚法》第 25 条明确规定,散布谣言,谎称某处存在险情、疫情、警情或通过其他方式故意扰乱公共秩序的,处 5 日以上 10 日以下拘留,可以并处 500 元以下的罚款。情节较轻的,处 5 日以下拘留或者 500 元以下的罚款。此外,我国《刑法》第 291 条之一还规定,编造虚假疫情、险情等在网络或其他媒体上传播,严重扰乱社会秩序的,应处以徒刑、拘役或管制。

在上面的案例中,方某为了逃避上班,故意谎称自己感染了新冠,此种行为导致整个公司人员的恐慌,给社会公共秩序造成影响病毒,故根据法律规定,方某将会受到拘留或者行政罚款的处罚。若严重扰乱社会秩序,还可能承担刑事责任。

法律依据

《中华人民共和国治安管理处罚法》

第二十五条 有下列行为之一的,处五日以上十日以下拘留,可以并处五百元以下罚款;情节较轻的,处五日以下拘留或者五百元以下罚款:

(一)散布谣言,谎报险情、疫情、警情或者以其他方法故意扰乱公共秩序的;

(二)投放虚假的爆炸性、毒害性、放射性、腐蚀性物质或者传染病病原体等危险物质扰乱公共秩序的;

(三)扬言实施放火、爆炸、投放危险物质扰乱公共秩序的。

《中华人民共和国刑法》

第二百九十一条之一 投放虚假的爆炸性、毒害性、放射性、传染病病原体等物质,或者编造爆炸威胁、生化威胁、放射威胁等恐怖信息,或者明知是编造的恐怖信息而故意传播,严重扰乱社会秩序的,处五年以下有期徒刑、拘役或者管制;造成严重后果的,处五年以上有期徒刑。

编造虚假的险情、疫情、灾情、警情,在信息网络或者其他媒体上传播,或者明知是上述虚假信息,故意在信息网络或者其他媒体上传播,严重扰乱社会秩序的,处三年以下有期徒刑、拘役或者管制;造成严重后果的,处三年以上七年以下有期徒刑。

89 为家庭琐事竟设计"表演"轻生，影响社会治安了吗？

> 我不想活了，我要跳楼！

> 扰乱车站、商场、公园等公共场所秩序，尚未造成严重损失的，处警告或者二百元以下罚款……

📞 案例重现

一天下午，某市幸福苑小区上演了惊心动魄的一幕跳楼闹剧。该小区居民胡某因家庭琐事与妻子高某发生了激烈的争吵，高某打了胡某一巴掌并将其推倒在地，然后摔门而出。胡某见状决定"治一治"高某，于是给岳母打了个电话，扬言要跳楼自杀，并爬到了楼顶。胡某的岳母接到电话后急忙赶来相劝，并拨打了报警电话。

民警到场后,胡某情绪更是激动,要求高某立即道歉。

可是,无论民警怎么劝说,高某拒不认错,她觉得丈夫又在"糊弄"自己,想逼自己认错。而胡某也不甘示弱,一步一步向外走去,准备跳楼。当时正值下班高峰期,围观的群众越来越多,致使该小区附近道路拥堵,影响了交通秩序,也给交警工作带来了不便。正在大家都感到无奈的时候,一位民警对胡某说,因其扰乱了社会治安,要将高某先带回派出所。胡某一听妻子要被拘留,立即有些害怕,乖乖地下来了。

那么本案中,他们二人因家庭琐事上演的跳楼闹剧,是否影响社会治安?

法官点评

一个社会不可能没有冲突,也不可能没有无序的时候,但是凭借国家权力,通过强制手段把它们控制在一定的范围之内,使社会整体体现出和谐性,就是一种良好的社会秩序。法律就是维护社会秩序的工具,当公民、组织等制造社会冲突时,国家就需要运用法律的手段维护社会秩序。最常见的是,违反社会治安管理,影响社会治安的行为应当受到社会治安管理处罚。而所谓社会治安管理处罚,是对扰乱公共秩序,妨害公共安全,侵犯人身权利、财产权利,妨害社会管理,尚不构成刑事处罚的行为,由公安机关依法给予治安管理处罚。

根据我国相关法律规定,扰乱机关单位秩序,致使工作不能正常开展,或者扰乱车站、商场、公园等公共场所秩序,尚未造成严重损失的,处警告或200元以下罚款;情节较重的,处5日以上10日以下拘留,可以并处500元以下罚款。本案中,胡某因为家庭琐事而故意设计"表演"轻生的行为,很明显已经影响了社会秩序,扰乱了该小区附近的交通秩序。如果经依法认定,行为情节不重,可以处警告或者200元以下罚款;如果造成了严重损失,民警可以依法将其拘留。

法律依据

《中华人民共和国治安管理处罚法》

第二十三条 有下列行为之一的,处警告或者二百元以下罚款;情节较重的,处五日以上十日以下拘留,可以并处五百元以下罚款:

(一)扰乱机关、团体、企业、事业单位秩序,致使工作、生产、营业、医疗、教学、科研不能正常进行,尚未造成严重损失的;

(二)扰乱车站、港口、码头、机场、商场、公园、展览馆或者其他公共场所秩序的;

……

聚众实施前款行为的,对首要分子处十日以上十五日以下拘留,可以并处一千元以下罚款。

90 明知机动车有故障，尚未维修即上路，将要承担何种法律责任？

> 雨天好拉活，没事，我技术好！

> 下雨了，这车的雨刷坏了，今天就别出车了！

> 驾驶人驾驶机动车上道路行驶前，应当对机动车的安全技术性能进行认真检查；不得驾驶安全设施不全或者机件不符合技术标准等具有安全隐患的机动车。

案例重现

刘某是某地一家出租车公司的的哥，其开车已经有十几个年头了，驾驶技术在当地有口皆碑，然而最近刘某因为驾驶机动车上路遇到了一件烦心事。前不久，刘某的父亲突发疾病住院，花光了家中的积蓄，但仍需要一大笔手术费，刘某想通过拼命加班来多挣点钱。

一天，刘某本来打算维修一下汽车，但一看下雨了，便想在雨天多拉点儿活，于是在明知汽车雨刷已坏的情况下执意上路，无论妻子如何劝说，他坚持认为自己驾驶技术好，这点故障根本就不会影响安全，结果刘某搭载乘客行驶至某立交桥附近时，因雨水过大，遮挡了视线，致使发生交通事故。那么，在此次事故中，刘某需要承担责任吗？

法官点评

驾驶人驾驶机动车上道路行驶前，应当对机动车的安全技术性能进行认真检查；驾驶人不得驾驶安全设施不全或者机件不符合技术标准等具有安全隐患的机动车。机动车安全技术性能未达标的，车辆的性能、安全系数都会降低，极易引发交通事故。因此，在机动车上路前，机动车驾驶人必须履行对车辆安全性能的检查义务，即应当检查机动车的安全技术性能，主要包括制动性能、稳定性能、机动性能、牵引性能、坚固性能、可靠性能等，以确保机动车的安全行驶。驾驶人未履行该义务的，该机动车不得上路行驶，一经发现，将处以警告或罚款的行政处罚。

本案中的驾驶人刘某在行车前，必须检查机动车的安全性能，但刘某不但没有检查，反而在明知机动车雨刷存在故障的状况下驾驶该车辆在雨天行驶，并因此发生交通事故，对此，刘某应承担损害赔偿责任。同时，由于刘某未尽到对车辆安全性能检查的义务，车辆在行驶过程中因雨水遮挡视线，致使发生交通事故，交通管理部门可以依法对其处以警告或一定的罚款处罚。

法律依据

《中华人民共和国道路交通安全法》

第二十一条　驾驶人驾驶机动车上道路行驶前，应当对机动车的安全技术性能进行认真检查；不得驾驶安全设施不全或者机件不符合技术标准等具有安全隐患的机动车。

第八十七条　公安机关交通管理部门及其交通警察对道路交通安全违法行为，应当及时纠正。

公安机关交通管理部门及其交通警察应当依据事实和本法的有关规定对道路交通安全违法行为予以处罚。对于情节轻微，未影响道路通行的，指出违法行为，给予口头警告后放行。

第九十条　机动车驾驶人违反道路交通安全法律、法规关于道路通行规定的，处警告或者二十元以上二百元以下罚款。本法另有规定的，依照规定处罚。

91. 男子频发色情短信骚扰前女友，前女友可诉至法院维权吗？

谁这么无聊啊，发这种短信骚扰我，真讨厌！

嘿嘿，你不跟我好了，我也不让你好过。

多次发送淫秽、侮辱、恐吓或者其他信息，干扰他人正常生活的，处五日以下拘留或者五百元以下罚款……

案例重现

家住广州市某区的28岁女士白某一纸诉状将自己的前男友苏某告上了法庭，用法律的手段维护了自己的合法权益。事情的起因是，白某与苏某分手后新结交了一个男朋友，然而前男友苏某频发骚扰短信，使得白某与现任男友无法正常交往。

起初，白某并不知道是苏某一直给自己发色情短信，收到这类短信后便立即删除了，但是后来，该类骚扰短信越来越多，严重影响了白某的正常生活。白某打电话过去后，才得知是自己的前男友苏某所为，苏某表示"你不跟我好了，我也不让你好过"。因长时间受骚扰，白某无法正常生活，与现任男友的关系也日益紧张，无奈之下，白某一纸诉状将苏某告上了法庭。那么，仅仅是发送骚扰短信，构成违法行为吗？

法官点评

性骚扰的问题一直备受社会关注。我国《妇女权益保障法》中明确规定，禁止对妇女实施性骚扰。所谓性骚扰，我国相关法律法规以描述的形式对其作出了具体规定，其主要表现形式有：以口头方式，如以下流语言挑逗对方；以行动方式，如故意触摸、碰撞对方性敏感部位；以设置环境方式，如在工作场所布置淫秽图片使对方难堪等。遭受性骚扰的妇女，可向本人所在单位、行为人所在单位、妇女联合会和有关机构投诉，也可以直接向法院起诉。同时，根据《治安管理处罚法》的规定，对性骚扰行为可处5日以下拘留或者500元以下罚款；情节较重的，处5日以上10日以下拘留，可以并处500元以下罚款。

本案中，前男友苏某为报复白某，不断向其发送色情骚扰短信，已经明显干扰了白某的正常生活，白某可以向公安机关告发，也可以向法院起诉,一旦苏某的行为被认定为性骚扰,就触犯了国家法律,将可能被处以罚款或拘留;如果苏某因此给白某造成了不良影响,白某还可以要求苏某公开道歉并赔偿其精神损失。

法律依据

《中华人民共和国妇女权益保障法》

第四十条 禁止对妇女实施性骚扰。受害妇女有权向单位和有关机关投诉。

第五十八条 违反本法规定,对妇女实施性骚扰或者家庭暴力,构成违反治安管理行为的,受害人可以提请公安机关对违法行为人依法给予行政处罚,也可以依法向人民法院提起民事诉讼。

《中华人民共和国治安管理处罚法》

第四十二条 有下列行为之一的,处五日以下拘留或者五百元以下罚款;情节较重的,处五日以上十日以下拘留,可以并处五百元以下罚款:

(一)写恐吓信或者以其他方法威胁他人人身安全的;

(二)公然侮辱他人或者捏造事实诽谤他人的;

(三)捏造事实诬告陷害他人,企图使他人受到刑事追究或者受到治安管理处罚的;

(四)对证人及其近亲属进行威胁、侮辱、殴打或者打击报复的;

(五)多次发送淫秽、侮辱、恐吓或者其他信息,干扰他人正常生活的;

(六)偷窥、偷拍、窃听、散布他人隐私的。

92 家庭舞会夜夜笙歌,噪声扰邻,会受罚吗?

> 哥几个,明晚再到我那里喝酒去!咱们整个PARTY!

> 又来了!真让人头疼!

使用家用电器、乐器或者进行其他家庭室内娱乐活动时,应当控制音量或者采取其他有效措施,避免对周围居民造成环境噪声污染。

案例重现

刚刚大学毕业的王某回到老家郑州，准备在当地找工作。因为王某的父母都在外地做生意，王某就和几个大学同学住在自己的家中。年轻人在一起总有说不完的高兴事，尤其他们正在择业，每天都有好朋友找到工作，需要庆祝。因此，他们经常在家中欢歌，一高兴起来就会大唱大跳，玩个通宵。他们确实痛快了，邻居秦大爷却为此事而天天头疼。秦大爷并非有意跟王某他们闹别扭，他确实因病需要静养，虽然他跟王某沟通过几次，但效果并不明显，于是秦大爷把电话打到了派出所。派出所民警了解情况后，找到王某他们做工作，但是王某非常不理解，在自己家中唱唱歌、跳跳舞，怎么就跟派出所有关系了，还要因此受罚？

法官点评

噪声污染是指人类在工业生产、建筑施工、交通运输和社会生活等活动中，产生的噪声干扰了周围人类和动物的生活。噪声污染影响人的听力，对工作生活构成干扰，还可能诱发多种疾病，因此，声音必须控制在合理的范围内，一旦超过规定，构成噪声污染时，就触犯了法律，将被制止。我国法律明确规定，使用家用电器、乐器或者进行其他家庭室内娱乐活动时，应当控制音量或者采取其他有效措施，避免对周围居民造成环境噪声污染，否则可由公安机关给予警告，并可处以罚款。

本案中，王某及朋友经常在夜间欢歌跳舞，其所使用的家用电器和乐器等发出的声音已经超过了合理的大小，干扰了周围群众的正常生活，给邻居秦大爷身心造成了不良影响，其行为已经违反了治安管理处罚法的相关规定。邻居秦大爷可以主动与其沟通，制止王某等人的行为；也可以向当地派出所告发，由派出所出面解决此事。如果王某等人的行为影响严重，构成了违法行为，其将面临警告、罚款的处罚。

法律依据

《中华人民共和国环境噪声污染防治法》

第五十八条 违反本法规定，有下列行为之一的，由公安机关给予警告，可以并处罚款：

……

（三）未按本法第四十六条和第四十七条规定采取措施，从家庭室内发出严重干扰周围居民生活的环境噪声的。

第四十六条 使用家用电器、乐器或者进行其他家庭室内娱乐活动时，应当控制音量或者采取其他有效措施，避免对周围居民造成环境噪声污染。

第六十一条第一款 受到环境噪声污染危害的单位和个人，有权要求加害人排除危害；造成损失的，依法赔偿损失。

《中华人民共和国治安管理处罚法》

第五十八条 违反关于社会生活噪声污染防治的法律规定，制造噪声干扰他人正常生活的，处警告；警告后不改正的，处二百元以上五百元以下罚款。

93 对于违反治安管理的打架斗殴行为，公安机关能调解处理吗？

📞 案例重现

孙家和刘家是村里同一胡同的老邻居，两家相处了几十年。孙家因为儿子要娶媳妇，所以翻建了二层房子。建房时，孙家没与刘家商量就自作主张将建筑材料堆放在胡同里，影响了刘家的车辆出入，刘某就找孙某协商。结果二人协商不成起了争执，扭打在一起，后来刘某一拳头打在孙某的眼睛上，造成孙某眼底充血住进了医院。当时孙某就拨打了110报了警，陈述和刘某打架斗殴的来龙去脉并要求公安机关对刘某进行处罚。警察了解详情后，找到二人欲对此案件进行调解。请问，警察对违反治安管理的打架斗殴行为可以进行调解吗？

⊙ 法官点评

本案涉及公安机关对治安管理案件的调解范围和对于情节轻微的违反治安管理行为的案件的处理问题。根据我国《治安管理处罚法》第9条的规定，公安机关可以进行调解的案件范围是：因民间纠纷引起的打架斗殴或者损毁他人财物等违反治安管理、情节较轻的行为。对于这些情节轻微的违反治安管理行为的案件的处理方式是：经公安机关调解，当事人达成协议的，不予处罚。经调解未达成协议或者达成协议后不履行的，公安机关应当依治安管理处罚法的规定对违反治安管理行为人给予处罚，并告知当事人可以就民事争议依法向人民法院提起民事诉讼。

本案中，刘某和孙某是多年的老邻居，因为孙家修房堆放建筑材料在两家共用的胡同阻碍刘家车辆出入而产生纠纷，刘某因此打伤了孙某，虽造成了孙某一定的人身损害，但情节比较轻微，所以公安机关在尊重双方意愿的情况下，是可以进行调解，促使达成调解协议的。但是如果双方达不成协议或达成协议后不愿意履行协议，则公安机关应依法作出行政处罚。

法律依据

《中华人民共和国治安管理处罚法》

第九条 对于因民间纠纷引起的打架斗殴或者损毁他人财物等违反治安管理行为，情节较轻的，公安机关可以调解处理。经公安机关调解，当事人达成协议的，不予处罚。经调解未达成协议或者达成协议后不履行的，公安机关应当依照本法的规定对违反治安管理行为人给予处罚，并告知当事人可以就民事争议依法向人民法院提起民事诉讼。

94 对违反治安管理规定的未成年人不能执行拘留处罚吗？

案例重现

马某出生在贫困的小山村里，这里闭塞落后，经济极不发达。村中身强力壮的年轻人都已外出打工，留下的大都是老幼病弱。马某的父母也在外打工，家中只留有刚过完16周岁生日的马某和80岁高龄的奶奶二人。一天早上，奶奶到院子里取东西时不慎摔倒而无法动弹，马某急忙叫人帮忙将奶奶扶起并送往附近医院。马某给爸爸妈妈打了电话，可他们要几天后才能赶回来，但奶奶住院又急需用钱，可愁坏了他。一向遵纪守法的马某看到一女子在退费处刚领取了医院的退费500元，就尾随该女子并趁机盗走了这些钱。该女子发现钱被盗后报了警，经查看监控很快发现是未成年的马某所为。奇怪的是，警察却没有拘留马某。请问，对违反治安管理规定的未成年人不能执行拘留处罚吗？

法官点评

本案涉及违反治安管理规定的行为人应当给予行政拘留处罚却不执行的特殊情形规定。根据我国《治安管理处罚法》第21条的规定，应当给予行政拘留处罚却不执行的特殊情形有：第一，已满14周岁不满16周岁的；第二，已满16周岁不满18周岁，初次违反治安管理的；第三，70周岁以上的；第四，怀孕或者哺乳自己不满1周岁婴儿的。也就是说，上述情形下，违反治安管理行为人即使依法被作出了拘留处罚决定也是不予执行的。

不论事出何因，本案中，马某的的确确实施了盗窃该女子500元的行为。依据我国《治安管理处罚法》第49条的规定，盗窃公私财物的，最少处5日以上10日以下拘留，可以并处500元以下罚款。但是因为马某一向遵纪守法，是初次违反治安管理，又是刚过16周岁的未成年人，所以作出的拘留处罚决定是不予执行的。

法律依据

《中华人民共和国治安管理处罚法》

第二十一条　违反治安管理行为人有下列情形之一，依照本法应当给予行政拘留处罚的，不执行行政拘留处罚：

（一）已满十四周岁不满十六周岁的；

（二）已满十六周岁不满十八周岁，初次违反治安管理的；

（三）七十周岁以上的；

（四）怀孕或者哺乳自己不满一周岁婴儿的。

第四十九条　盗窃、诈骗、哄抢、抢夺、敲诈勒索或者故意损毁公私财物的，处五日以上十日以下拘留，可以并处五百元以下罚款；情节较重的，处十日以上十五日以下拘留，可以并处一千元以下罚款。

95 哪些情形下办理治安案件的警察应该回避？

案例重现

因为公司拍摄的新电影获得巨额票房和业界人士的赞誉，电影拍摄组的所有成员和两位负责人周某、李某等一行人在KTV内喝酒唱歌庆祝。酒后因为小事发生争吵，李某动手打了周某，随后二人纠缠在一起互殴。KTV服务生报了警，周某、李某被带到派出所接受询问。恰巧负责该案件的民警是李某的同学，与自己同学一打招呼，李某便胆量倍增，对周某很是不客气地嘲笑。当知道李某与民警的同学关系后，周某怕民警袒护李某，便喊着要负责案件的民警回避。李某则称他与民警不是近亲属就不需要回避。请问，李某的同学应该回避吗？哪些情形下办理治安案件的警察应该回避？

法官点评

本案涉及的问题是人民警察在办理治安案件过程中应当回避的情形。根据我国《治安管理处罚法》第81条的规定，人民警察在办理治安案件过程中，应当回避的情形有三种：一是是本案当事人或者当事人的近亲属的；二是本人或者其近亲属与本案有利害关系的；三是与本案当事人有其他关系，可能影响案件公正处理的。也就是说，与本案当事人有关系，可能影响到案件公正处理的，就应回避。另外，违反治安管理行为人、被侵害人或者其法定代理人也有权要求他们回避。

本案中，由于办案民警是李某的同学，如果由他办理案件，会有不公正的嫌疑，有可能使周某权利受到损害，因此，为了保证治安处罚案件的公正性，作为李某同学的办案民警是应退出案件办理，进行回避的。另外，也并不是只有近亲属关系才需要回避，本案中的同学情况也可能影响案件处理，因此，周某有权依据《治安管理处罚法》的上述规定要求其回避。

法律依据

《中华人民共和国治安管理处罚法》

第八十一条　人民警察在办理治安案件过程中，遇有下列情形之一的，应当回避；违反治安管理行为人、被侵害人或者其法定代理人也有权要求他们回避：

（一）是本案当事人或者当事人的近亲属的；

（二）本人或者其近亲属与本案有利害关系的；

（三）与本案当事人有其他关系，可能影响案件公正处理的。

人民警察的回避，由其所属的公安机关决定；公安机关负责人的回避，由上一级公安机关决定。

96 公安派出所可以决定拘留人吗？

案例重现

焦某是位装修工人，前段时间一直在韩某家给韩某装修屋子。但韩某在装修完毕后以装修得有瑕疵为由拒绝支付剩余的1万元装修费。焦某几次找韩某讨要，韩某均拒绝。这日焦某上门讨要，二人发生争执打了起来，强悍的韩某将焦某的手指弄伤。路过的人报了警，韩某、焦某两人被带到派出所。经鉴定，焦某的手指构成轻微伤。随后，派出所民警给韩某出具了一份治安管理处罚决定书，决定拘留韩某10天。韩某记得朋友说过，派出所最多只能罚款，没有其他权力，因此觉得派出所无权决定拘留他。请问，派出所可以决定拘留人吗？

法官点评

本案涉及公安派出所的行政职权范围问题。在我国，无论立法机关、司法机关，还是行政机关，都有自己的职权范围，各机关也必须依法在自己的职权范围内行使职责和职权。公安派出所是公安机关的派出机构，并非独立的行政主体，除非法律授权，否则不能以自己的名义对其行为负责。根据我国《治安管理处罚法》第91条的规定，治安管理处罚由县级以上人民政府公安机关决定；其中警告、500元以下的罚款可以由公安派出所决定。即，公安派出所的行政职权范围是警告和500元以下的罚款。本案中，韩某弄伤焦某手指，经鉴定为轻微伤，派出所对韩某做出了拘留10天的决定。该拘留决定依上述规定超越了派出所本来的职权范围，是不合法的，拘留应由县级以上的公安机关作出。韩某注意到行政机关的职权范围，并以此维护自己的合法权益是非常正确的，公安派出所不可以决定拘留人。

法律依据

《中华人民共和国治安管理处罚法》

第九十一条　治安管理处罚由县级以上人民政府公安机关决定；其中警告、五百元以下的罚款可以由公安派出所决定。

97 强行推销出售商品会被处罚吗？

案例重现

王某是某医疗器材公司的销售人员，主要靠医疗器材销售的提成来获取收入。除每销售一台器材可以提成货款的10%外，公司最近一个月内对一周内销售数量超过50台的员工，还实行2万元的额外奖励。王某的工作热情十分高涨，经常在下班时间还向人推销他们公司的器材以力争数量上超过50台获取奖励。但对于不接受其推销的人，其经常采取威逼、胁迫的方式，别人只要看一下他推销的器材，王某就强迫人家买下来。后公安机关接到受害群众的举报，决定对王某处以拘留5天并处罚款500元的治安管理处罚。王某不服，认为自己只是在推销出售商品，怎么就会受到治安管理处罚呢？

法官点评

本案涉及对市场上强迫交易行为的法律规制问题。强迫交易行为是指市场交易主体强买强卖商品，强迫他人提供服务或者接受其提供的服务的行为。交易自由是市场交易的重要原则，强迫交易行为违反了交易中的自由原则，违背了交易一方的自由意愿。根据我国《治安管理处罚法》第46条的规定，对于强迫交易行为可以给予治安管理处罚：处5日以上10日以下拘留，并处200元以上500元以下罚款；情节较轻的，处5日以下拘留或者500元以下罚款。

本案中，王某在推销商品的时候，作为交易对方的消费者是有权自由选择购买或者不购买的，但是王某采取威逼、胁迫方式推销商品，其行为已经违反了交易自由原则，违背了交易一方的意愿，构成了强行卖出商品的强迫交易行为。因此，公安机关可以对王某的强行出售商品行为给以符合规定的治安管理处罚。

法律依据

《中华人民共和国治安管理处罚法》

第四十六条　强买强卖商品，强迫他人提供服务或者强迫他人接受服务的，处五日以上十日以下拘留，并处二百元以上五百元以下罚款；情节较轻的，处五日以下拘留或者五百元以下罚款。

98. 未对承租人身份信息进行查验，房屋出租人会受到治安管理处罚吗？

案例重现

张某父母去世后，张某因继承而获得了两处房产。为了不闲置资源，张某将其中一处三室一厅的房产用于出租，赚取一定的租金收益。马某是外来打工人员，想承租张某的房子。承租当天，张某让马某登记一下他的身份证，双方简单写个租房协议。马某说自己的身份证被偷了，目前已经和当地申报要补办一个新的身份证，等入住以后新身份证办理下来再找张某登记。于是，凭马某的口头陈述，写了个名字，张某和马某就签订了房屋租赁合同。马某入住后，一直没有按约定进行身份登记，张某居住在另一处房子里，因平时忙于工作，也没有再要求马某进行登记。后马某因在承租房内吸毒而被公安机关抓获。公安机关了解到，马某并没有合法有效的身份证件，并且张某在出租房屋时没有对马某进行身份登记。据此，决定对张某处以治安处罚罚款400元。张某不解，自己只是出租房屋，又没干什么坏事，也会受到治安管理处罚吗？

法官点评

本案涉及房屋出租人的治安管理责任问题。所谓房屋出租人的治安管理责任，是指公民在将房屋进行出租的时候，要对承租人的身份等情况进行登记并对承租人的行为有所了解掌握，否则要受到相应的行政处罚。根据我国《治安管理处罚法》第57条的规定，房屋出租人将房屋出租给无身份证件的人居住的，或者不按规定登记承租人姓名、身份证件种类和号码的，处 200 元以上 500 元以下罚款。对于房屋出租人明知承租人利用出租房屋进行犯罪活动，不向公安机关报告的，处 200 元以上 500 元以下罚款；情节严重的，处 5 日以下拘留，可以并处 500 元以下罚款。法律之所以如此规定，是为了防止承租人利用承租房屋进行违法犯罪活动，尤其是在外来流动人口很多的大中城市，对承租人进行身份登记有助于治安管理。

本案中，出租人张某在将房屋出租给马某的时候，听信马某一面之词没有对马某进行身份登记，事后也没有督促马某进行登记，未履行好自己作为出租人的治安义务，违反了法律规定。因此，公安机关对其罚款，让其依法承受一定的治安处罚是有法可依的。虽然他只是出租房屋，没干什么坏事，但未尽到出租人的责任，也是要受治安管理处罚的。

法律依据

《中华人民共和国治安管理处罚法》

第五十七条　房屋出租人将房屋出租给无身份证件的人居住的，或者不按规定登记承租人姓名、身份证件种类和号码的，处二百元以上五百元以下罚款。

房屋出租人明知承租人利用出租房屋进行犯罪活动，不向公安机关报告的，处二百元以上五百元以下罚款；情节严重的，处五日以下拘留，可以并处五百元以下罚款。

第 7 章

刑事犯罪法律常识

99 故意伤害他人后又救助的，会影响量刑吗？

案例重现

王大某自幼丧母，从小与妹妹王某相依为命，二人感情非常深厚。2020年1月，王某经人介绍与黄某相恋，半年后两人就步入婚姻的殿堂。婚后，王某与黄某因性格不合经常吵架。王大某也因此经常与黄某发生争执。2021年年初，王某发现自己怀孕了，并将此消息告诉了黄某，黄某非常高兴，对待王某的态度好转。

2021年5月8日晚，黄某回家非常晚，王某不断抱怨黄某晚归，二人随即发生争执，黄某将王某推倒在地后扬长而去。王某倒地后肚子就开始隐隐作痛，她立即拨通了王大某的电话，王大某赶到后将王某送到医院。次日上午，王大某将王某送回家中，正巧黄某也刚回来。王大某看到黄某对王某不闻不问，非常生气，就与黄某发生口角。二人争吵中，王大某随手拿起客厅茶几上的水果刀刺伤黄某大腿，黄某当即受伤倒地。王大某看到黄某受伤后，立即拨打了120急救电话，在救护车到来之前一直照顾黄某。事发后，王大某积极赔偿黄某的损失。经法医鉴定，黄某的伤情为轻伤。那么，王大某在实施伤害行为后又积极救助黄某的行为，会影响量刑吗？

法官点评

本案王大某触犯了我国《刑法》第234条的规定，构成故意伤害罪，依法应当判处3年以下有期徒刑、拘役或管制。故意伤害罪是侵犯公民人身权利的犯罪行为。构成故意伤害罪必须是行为人故意、非法实施了伤害他人身体的行为，且伤害行为造成他人轻伤以上的严重后果。对行为人实施犯罪行为量刑的依据是我国《刑法》第61条的规定，即从犯罪事实、性质、情节和社会的危害程度等几个方面对行为人定罪处罚。

本案中，王大某在与黄某发生争执时，拿起客厅茶几上的水果刀刺伤黄某，其已经预见到用刀刺伤他人身体会引发什么后果，仍然放任这种结果的发生，致使黄某大腿受轻伤，已经构成故意伤害罪。但其在黄某受伤后，及时拨打120，并一直守护照顾黄某直至其被送上救护车，属于实施了积极救助行为，且赔偿黄某的损失，有悔罪表现，可以从轻处罚。

法律依据

《中华人民共和国刑法》

第六十一条 对于犯罪分子决定刑罚的时候，应当根据犯罪的事实、犯罪的性质、情节和对于社会的危害程度，依照本法的有关规定判处。

第二百三十四条 故意伤害他人身体的，处三年以下有期徒刑、拘役或者管制。

犯前款罪，致人重伤的，处三年以上十年以下有期徒刑；致人死亡或者以特别残忍手段致人重伤造成严重残疾的，处十年以上有期徒刑、无期徒刑或者死刑。本法另有规定的，依照规定。

100 犯罪后主动投案会减轻处罚吗?

自动投案并且如实供述自己罪行的,可认定为自首,可以从轻或者减轻处罚……

我是主动投案的,能不能减免处罚?

犯罪分子主动投案且如实供述自己的罪行的情节,应当认定为自首,可以从轻或者减轻处罚。犯罪较轻的,可以免除处罚。

案例重现

张某被公司提升为业务经理，张某的同事们很为其高兴，要求其请客，张某遂带领本组6名同事到某酒店吃饭。张某从一名业务员做起，辛苦了8年才熬到业务经理的职位，因此，当天非常高兴，与同事们聊天的声音有些大。这引起了邻桌用餐人员的不满，与张某紧邻的贾某觉得张某与同事吵闹声音越来越大，就出言阻止，劝其小声一点儿。张某不满贾某的言语，就与其发生争执。在争吵过程中，张某拿起手中的酒瓶，打到贾某的头部，贾某惨叫一声后倒地，头部流出大量鲜血，贾某的同事立即拨打了120电话。张某看到贾某受伤就拨打了110报警电话，称自己在某酒店用酒瓶打伤了人，并表示自己会在案发现场等待警察到来。110接到报警后，立即出警将张某带回公安机关进行调查，张某如实供述了其伤害贾某的详细过程，并表示愿意承担法律责任。后经鉴定，贾某的伤情为重伤。那么，张某打伤贾某后主动报警投案的行为能够使其减轻处罚吗？

法官点评

本案涉及自首的问题。我国《刑法》第67条对自首作出了明确规定，认定自首必须同时具备两项基本要件：一是必须自动投案；二是必须如实地供述自己的罪行。自动投案是指犯罪事实或者犯罪嫌疑人未被司法机关发觉，或者虽被发觉，但犯罪嫌疑人尚未受到讯问、未被采取强制措施时，主动、直接向公安机关、人民检察院或者人民法院投案。如实供述自己的罪行是指犯罪嫌疑人自动投案后，如实交代自己的主要犯罪事实。被告人属于自首的，可以从轻或者减轻处罚，犯罪较轻的，可以免除处罚。

本案中，张某将贾某打倒在地后拨打了110报警电话，在电话中明确表示自己伤害了他人，并在现场等待警察的到来，属于自动投案。张某在公安机关调查阶段如实供述了自己实施伤害行为的过程，属于如实供述罪行。因贾某属于重伤，伤情严重，张某不会被免于处罚。但张某的行为属于自首，法院在对其量刑处罚时，依法可以对张某从轻或减轻处罚。

法律依据

《中华人民共和国刑法》

第六十七条 犯罪以后自动投案，如实供述自己的罪行的，是自首。对于自首的犯罪分子，可以从轻或者减轻处罚。其中，犯罪较轻的，可以免除处罚。

被采取强制措施的犯罪嫌疑人、被告人和正在服刑的罪犯，如实供述司法机关还未掌握的本人其他罪行的，以自首论。

犯罪嫌疑人虽不具有前两款规定的自首情节，但是如实供述自己罪行的，可以从轻处罚；因其如实供述自己罪行，避免特别严重后果发生的，可以减轻处罚。

101 在女朋友家偷偷安装摄像头和窃听器的行为构成犯罪吗？

案例重现

刘某经人介绍认识了吴某并与其相恋。吴某聪明、漂亮,有很多追求者,刘某生性多疑,经常无端怀疑吴某与他人有不正当关系。吴某忍无可忍,向刘某提出分手,刘某苦苦哀求,最终得到了吴某谅解,二人和好如初。刘某为了监视吴某的行为,通过非法渠道购买针孔摄像头和窃听器,趁吴某不注意时,装到了吴某的家中。

自此之后,刘某就开始监视吴某的一举一动。一旦吴某跟其他男性打电话或是视频聊天,刘某就立即打电话质问。吴某对于刘某如此了解自己的行踪感到非常惶恐。后来,刘某还经常在吴某换衣服、洗澡时录像、拍照,一旦吴某与刘某发生矛盾,刘某就利用陌生号码将其偷拍到的画面发到吴某手机上。吴某非常害怕,一直在惶恐中度日,最终不堪折磨,患上了严重的精神疾病,被家人送到精神病院接受治疗。那么,刘某在女友家偷偷安装针孔摄像头和窃听器的行为构成犯罪吗?

法官点评

本案涉及非法使用窃听、窃照专用器材的问题。在我国,窃听、窃照专用器材一般是禁止非法持有、使用的物品,除非法律特别授权,否则持有、使用即为非法。我国《刑法》第284条规定:"非法使用窃听、窃照专用器材,造成严重后果的,处二年以下有期徒刑、拘役或者管制。"由此可见,本罪为结果犯,也就是说,此种行为要构成犯罪必须造成严重后果。如果行为人未造成严重后果的,则不构成犯罪,但会受到治安处罚。

本案中,刘某为了监视女友吴某,在没有办理相关审批手续的情况下,通过非法渠道购买针孔摄像头和窃听器,在吴某不知情的情况下将设备安装在吴某家中,已经构成了非法使用窃听、窃照专用器材。刘某监听吴某接打电话、视频聊天,拍摄吴某洗澡视频、照片，并将其发到吴某手机上，给受害人造成了巨大的精神压力和不安，最终使得吴某患上严重的精神疾病，已经造成了严重的后果。因此，刘某的行为构成犯罪，其应该受到法律的制裁。

法律依据

《中华人民共和国刑法》

第二百八十四条　非法使用窃听、窃照专用器材，造成严重后果的，处二年以下有期徒刑、拘役或者管制。

102 强迫 10 岁的孩子乞讨，是犯罪吗？

要不到钱，就别想吃饭。

我很饿……

以暴力、胁迫手段组织未成年人乞讨的行为，构成犯罪。

案例重现

40多岁的陈某原系某地无业游民，2021年年初来到某市，在郊区租下平房三间及院落。陈某购置了三组上下铺的床放在西屋，后又购置了一辆二手面包车。3月初，陈某开着面包车在全市范围内寻找流浪儿童，一个月后找到两名10岁男孩，陈某将孩子带回平房内安置在西屋。当天晚上，陈某告诉两个孩子从次日起开始去乞讨，每天至少要讨回100元钱，否则就得挨饿、挨打，不允许逃跑、报警，否则直接打死。此后，陈某驾驶面包车拉着两个孩子到本市各繁华地带行乞，一旦孩子完不成任务，他就用皮带、棍子殴打孩子或是一天不给饭吃。5月1日，陈某将孩子带到该市某景区行乞，其中一个孩子在景区遇到几名解放军战士，遂向其求救，陈某发现后，急忙赶到现场想将孩子带走，结果被解放军战士扭送到公安机关。那么，陈某强迫10岁孩子行乞的行为是否构成犯罪？构成何罪？

法官点评

根据我国《刑法》第262条之一的规定，以暴力、胁迫手段组织残疾人或者不满14周岁的未成年人乞讨的，处3年以下有期徒刑或者拘役，并处罚金；情节严重的，处3年以上7年以下有期徒刑，并处罚金。此罪为行为犯，不需要行为人造成乞讨人人身伤害或其他严重后果，只要行为人实施了暴力、胁迫的手段，就会被追究刑事责任。组织未成年人乞讨不仅造成了社会正常秩序的混乱，更重要的是侵害了未成年人的身心健康。对未成年人而言，乞讨的生活会对其身心发育造成严重的负面影响。

本案中，陈某利用面包车带领、监视10岁儿童四处行乞，并为儿童规定了乞讨任务，完不成任务就不给儿童吃饭，或是用皮鞭、木棍殴打儿童，还用威胁的方式防止儿童逃跑和自救，这就是在用暴力、胁迫手段组织未成年人乞讨，完全符合组织未成年人乞讨罪的构成条件，陈某终会受到法律的严惩。

法律依据

《中华人民共和国刑法》

第二百六十二条 拐骗不满十四周岁的未成年人，脱离家庭或者监护人的，处五年以下有期徒刑或者拘役。

第二百六十二条之一 以暴力、胁迫手段组织残疾人或者不满十四周岁的未成年人乞讨的，处三年以下有期徒刑或者拘役，并处罚金；情节严重的，处三年以上七年以下有期徒刑，并处罚金。

第二百六十二条之二 组织未成年人进行盗窃、诈骗、抢夺、敲诈勒索等违反治安管理活动的，处三年以下有期徒刑或者拘役，并处罚金；情节严重的，处三年以上七年以下有期徒刑，并处罚金。

103 捏造事实诬陷他人的行为是否有可能构成犯罪？

案例重现

宋某和石某从电影学院毕业后，同时加入某影视公司成为其签约艺人。世界某知名品牌化妆品公司与该影视公司达成合作意向，欲在该影视公司旗下的艺人中挑选一位来担当该品牌2021年度的形象代言人。公司准备在宋某和石某二人当中挑选一位来担当形象代言人。对于新人，这可是一个千载难逢的好机会，不但可以提高知名度，还能够走向世界。为了得到这个机会，宋某在公司大肆宣扬石某在大学期间生活作风不检点、被富商包养等不实消息。公司员工对石某议论纷纷，影响极其恶劣。石某对宋某这种捏造事实、诬陷自己的行为很是气愤，决定拿起法律的武器维护自己的合法权益。那么，宋某这种捏造事实、诬陷他人的行为是否构成犯罪呢？

法官点评

宋某的行为构成诽谤罪。诽谤罪，是指故意捏造并散布虚构的事实，足以贬损他人人格，破坏他人名誉，情节严重的行为。本案中，宋某为了与石某争当形象代言人，散布虚假的事实，严重损坏了石某的名誉，给石某的生活造成了恶劣的影响，情节非常严重，已经构成了诽谤罪，应当依法追究其刑事责任。此处，要注意区分诽谤罪与一般民事名誉侵权的区别：一般民事名誉侵权造成的社会危害相对轻微，还不足以构成犯罪，而诽谤罪除会造成严重的危害结果外，所散布的内容一定是虚假的，在主观上一定是故意的。总之，捏造事实诽谤他人，情节严重的就会构成犯罪，应承担刑事责任。而被他人诽谤后，被害人可以向司法机关检举、控告，以维护自己的合法权益。

法律依据

《中华人民共和国刑法》

第二百四十六条 以暴力或者其他方法公然侮辱他人或者捏造事实诽谤他人，情节严重的，处三年以下有期徒刑、拘役、管制或者剥夺政治权利。

前款罪，告诉的才处理，但是严重危害社会秩序和国家利益的除外。

通过信息网络实施第一款规定的行为，被害人向人民法院告诉，但提供证据确有困难的，人民法院可以要求公安机关提供协助。

104. 因自动售卖机出现故障就将其砸坏，是否构成犯罪？需要承担什么责任？

案例重现

一天晚上10点多，刘某参加完同学聚会后，路过某自动售卖机。因为在聚会的时候多喝了几杯，刘某感觉头痛欲裂，口干舌燥，就准备买一瓶饮料解解酒。可不知道为什么，投完币以后，机器却没有任何动静。回想起聚会时同学们各个春风得意的样子，而自己却被公司裁员了，郁闷的心情夹杂酒劲，让刘某火冒三丈。刘某在路边捡起石块，将自动售卖机砸坏。请问，刘某的行为是否构成犯罪？需要承担什么责任？

法官点评

刘某的行为构成故意毁坏财物罪。故意毁坏财物罪，是指故意毁灭或者损坏公私财物，数额较大或者有其他严重情节的行为。本罪在客观方面表现为毁灭或者损坏公私财物数额较大或者有其他严重情节的行为。故意毁坏公私财物，必须达到数额较大或有其他严重情节的程度才构成犯罪。所谓情节严重，是指毁坏重要物品损失严重的，毁坏手段特别恶劣的，或者毁坏急需物品引起严重后果的。本案中，刘某因自动售卖机出现故障，就肆意将其破坏，这种行为是违法的。刘某需要承担相应的刑事责任。在现实生活中遇到自动售卖机出现故障的情况，应通过正确的方式向相关部门反映情况，而不应意气用事造成公共财物的损坏。

法律依据

《中华人民共和国刑法》

第二百七十五条 故意毁坏公私财物,数额较大或者有其他严重情节的,处三年以下有期徒刑、拘役或者罚金;数额巨大或者有其他特别严重情节的,处三年以上七年以下有期徒刑。

105 间歇性精神病人在精神正常的时候打人致死，是否应当负刑事责任？

案例重现

张某父母双亡，又患有间歇性精神病。张某所在的街道办事处对张某很是同情，安排其在街道的福利纸箱厂负责看管库房。同事、街坊四邻对张某的日常生活也是关怀备至。张某听说"精神病人杀人都不犯法"，久而久之便产生了"优越感"，觉得谁都怕自己，谁也惹不起自己，逐渐养成了一种专横跋扈的性格。一天，因张某在工作时间擅离岗位，当班组长孙某就批评了他几句。张某一时气愤，竟拿起锤子砸向孙某，致孙某死亡。请问这种情况下，张某是否应当负刑事责任？

法官点评

间歇性精神病属于精神疾病的一种，行为人在发病的情况下犯罪一般不负刑事责任。由于间歇性精神病是间歇性发作的，说明病人是有精神正常的时候，在精神正常的时候，病人完全具有控制自己行为的能力。根据《刑法》第18条的规定，间歇性的精神病人在精神正常的时候犯罪，应当负刑事责任。本案中，张某虽然患有间歇性精神病，但其在不发病的时候，在能工作并且能够完全控制自己的行为时打人致其死亡，是一种犯罪行为。因此，张某应当负刑事责任。

法律依据

《中华人民共和国刑法》

第十八条 精神病人在不能辨认或者不能控制自己行为的时候造成危害结果，经法定程序鉴定确认的，不负刑事责任，但是应当责令他的家属或者监护人严加看管和医疗；在必要的时候，由政府强制医疗。

间歇性的精神病人在精神正常的时候犯罪，应当负刑事责任。

尚未完全丧失辨认或者控制自己行为能力的精神病人犯罪的，应当负刑事责任，但是可以从轻或者减轻处罚。

醉酒的人犯罪，应当负刑事责任。

106 对入室盗窃的小偷实施防卫行为时致其死亡，是否需要承担刑事责任？

案例重现

一天夜里，军某下夜班回到家里，刚打开屋门，就听见屋里传来了一阵脚步声。军某始终独居，心想莫非家里进了小偷，顿时紧张起来。果然，一个陌生的男子手里拎着军某的笔记本电脑，正要冲出家门。军某将其堵住，大声喝令"放下电脑"。不料，该男子竟然掏出一把刀子刺向军某，军某灵敏地躲闪开，两个人扭打起来。在扭打的过程中，军某将该男子刺伤，致其当场死亡。请问这种情况下，军某是否需要承担刑事责任？

法官点评

军某的行为属于正当防卫，不必负刑事责任。正当防卫是国家赋予公民的一种面对危险时的防卫权，在适用时是有条件的。第一，必须是存在不法侵害时，才可以实施正当防卫。第二，正当防卫是有时间限制的，必须是不法侵害正在进行，如果不法侵害还没开始，或是已经结束了，再实施防卫，就不属于正当防卫。第三，防卫的对象只能是不法侵害的实行者，不能针对周围的人。第四，正当防卫必须基于防卫的主观意图，如果怀有其他目的，其行为就会被认定为不法侵害。第五，正当防卫不能超过必要的限度，超过了必要的限度，属于防卫过当，要负刑事责任。本案中，尽管军某在防卫时造成了该男子死亡，但是该男子的行为属于由入室盗窃转化为暴力抢劫的行为，如果军某不防卫的话，受伤的很有可能是自己。因此，军某的行为不构成防卫过当，不负刑事责任。

法律依据

《中华人民共和国刑法》

第二十条　为了使国家、公共利益、本人或者他人的人身、财产和其他权利免受正在进行的不法侵害，而采取的制止不法侵害的行为，对不法侵害人造成损害的，属于正当防卫，不负刑事责任。

正当防卫明显超过必要限度造成重大损害的，应当负刑事责任，但是应当减轻或者免除处罚。

对正在进行行凶、杀人、抢劫、强奸、绑架以及其他严重危及人身安全的暴力犯罪，采取防卫行为，造成不法侵害人伤亡的，不属于防卫过当，不负刑事责任。

107 犯罪后躲藏起来,就能免于被追究刑事责任吗?

案例重现

宋某和强某是某快递公司的快递员。一天下班后,两人相约在强某家吃饭。席间两人推杯换盏,不知不觉都喝了不少,话也越来越多。强某开始埋怨宋某在上班的时候总是暗自抢自己片区内的客户。宋某一肚子委屈,觉得自己平时帮强某捎带过很多大件货物。两个人你一言我一语,越吵越激烈。趁着酒劲,强某竟抄起酒瓶子砸向宋某,结果宋某当场昏迷,最后失血过多死亡。事发后,强某准备逃到外地躲一躲。请问犯罪后躲藏起来,就能免于被追究刑事责任吗?

法官点评

犯罪行为的追究是有时效限制的,称为追诉期限。简单地说,就是犯罪嫌疑人在实施犯罪之后逃跑了,经过一段时间,就不会被追究刑事责任了。但是如果人民检察院、公安机关、国家安全机关立案侦查或者在人民法院受理案件以后,仍然逃避侦查或者审判的,不受追诉期限的限制。追诉期限的时间是不一定的,但是最多为20年。这表明,通常情况下,无论犯了什么样的罪,只要经过20年,就一律不再追究了。但也有例外的情况,即如果有必须追诉的理由,最高人民检察院也核准了,则即使过了20年,也要追究其刑事责任。

对本案而言,犯罪嫌疑人强某所犯之罪有可能被判处无期徒刑或者死刑，追诉时效为 20 年。也就是说，只有在司法机关没有立案侦查或者立案受理，而最高人民检察院也没有核准必须追诉的，经过 20 年以后，强某的罪行才不会被法律追究。

法律依据

《中华人民共和国刑法》

第八十七条　犯罪经过下列期限不再追诉：

（一）法定最高刑为不满五年有期徒刑的，经过五年；

（二）法定最高刑为五年以上不满十年有期徒刑的，经过十年；

（三）法定最高刑为十年以上有期徒刑的，经过十五年；

（四）法定最高刑为无期徒刑、死刑的，经过二十年。如果二十年以后认为必须追诉的，须报请最高人民检察院核准。

第八十八条　在人民检察院、公安机关、国家安全机关立案侦查或者在人民法院受理案件以后，逃避侦查或者审判的，不受追诉期限的限制。

被害人在追诉期限内提出控告，人民法院、人民检察院、公安机关应当立案而不予立案的，不受追诉期限的限制。

108 喝醉酒后开车，有可能构成犯罪吗？

案例重现

徐某与女友高某是高中同学，后两人报了同一所大学，并在大学二年级时确立了恋爱关系。大学毕业后，徐某带高某回家与父母见面，徐某的父母才得知，徐某一直在与高某谈恋爱。徐某的母亲在与高某的交谈过程中，了解到高某的家庭条件一般，而且现在高某也没有正经的工作。在高某离开徐某家后，徐某的母亲便对徐某与高某的交往提出反对，并对徐某说已经为徐某找到一个合适的交往对象，让他马上准备相亲。徐某多次与母亲交谈，始终说服不了母亲，于是徐某约了高某在一家餐厅见面，与高某提出分手。徐某提出分手时非常难过，舍不得女友高某，于是喝了几瓶酒，喝得酩酊大醉。在高某打车回家后，徐某也晕晕乎乎，自己开车往家里走。在回家途中遇到查酒驾的交警，徐某被查出每百毫升血液中酒精含量达100多毫克。那么，徐某喝醉酒后在道路上驾车构成犯罪吗？

法官点评

徐某的行为符合我国《刑法》规定的危险驾驶罪的情形。我国《刑法》第133条之一明确规定："在道路上驾驶机动车，有下列情形之一的，处拘役，并处罚金：……（二）醉酒驾驶机动车的；……"另外，我国最高人民法院、最高人民检察院、公安部《关于办理醉酒驾驶机动车刑事案件适用法律若干问题的意见》第1条规定："在道路上驾驶机动车，血液酒精含量达到80毫克/100毫升以上的，属于醉酒驾驶机动车，依照刑法第一百三十三条之一第一款的规定，以危险驾驶罪定罪处罚。"案例中，徐某醉酒后驾驶车辆在道路上行驶，被交警查出每百毫升血液中酒精含量达100多毫克，依据上述条文的规定可知，徐某已经构成刑法规定的危险驾驶罪。在现实社会中，人们聚会的场合比较多，因此，喝酒的现象也比较普遍，如果不对酒后驾驶作出约束，那么酒驾行为将越来越多，会对人们的生命安全造成重大威胁。为保护不特定的多数人的生命和健康，我国《刑法》增加了危险驾驶罪，对醉酒驾驶机动车定罪量刑，以规制此类危害公共安全的行为。

法律依据

《中华人民共和国刑法》

第一百三十三条之一　在道路上驾驶机动车，有下列情形之一的，处拘役，并处罚金：

（一）追逐竞驶，情节恶劣的；

（二）醉酒驾驶机动车的；

（三）从事校车业务或者旅客运输，严重超过额定乘员载客，或者严重超过规定时速行驶的；

（四）违反危险化学品安全管理规定运输危险化学品，危及公共安全的。

机动车所有人、管理人对前款第三项、第四项行为负有直接责任的，依照前款的规定处罚。

有前两款行为，同时构成其他犯罪的，依照处罚较重的规定定罪处罚。

《关于办理醉酒驾驶机动车刑事案件适用法律若干问题的意见》

一、在道路上驾驶机动车，血液酒精含量达到80毫克/100毫升以上的，属于醉酒驾驶机动车，依照刑法第一百三十三条之一第一款的规定，以危险驾驶罪定罪处罚。

前款规定的"道路""机动车"，适用道路交通安全法的有关规定。

109 允许他人在自己家中吸毒，属于犯罪行为吗？

案例重现

田某在某娱乐公司工作，是歌星朱某的经纪人。歌星朱某对经纪人比较挑剔，在田某之前，朱某已经换过七八个经纪人。因田某能力强、性格好，朱某对田某比较信任和依赖，在工作之外，朱某将田某当成自己的知心朋友，有什么烦恼都会找田某倾诉。一次，朱某要参加一次全国瞩目的音乐盛典。朱某非常希望能在这次音乐盛典中获得最佳歌手奖，为此可谓做足了准备。田某也为朱某忙前忙后。在音乐盛典前一个星期，朱某来到田某家里，说是压力大，找田某排解。在聊了一会儿后，朱某竟然拿出毒品来吸食，田某当场劝阻，但朱某说准备音乐盛典的事情让他身心疲惫，吸毒能让自己精神愉悦，缓解压力。田某也希望朱某能在音乐盛典中有更好的表现，便没再说什么了。那么，允许朋友在自己家中吸毒的行为构成犯罪吗？

法官点评

我国《刑法》第354条规定："容留他人吸食、注射毒品的，处三年以下有期徒刑、拘役或者管制，并处罚金。"根据本条文的规定可知，上述案例中田某允许朱某在自己家中吸毒的行为已经构成犯罪，依法可对田某处3年以下有期徒刑、拘役或者管制，并处罚金。我国法律严令禁止毒品在社会中流通，因为毒品对公民个人及整个社会都具有严重的危害性，一旦接触毒品，毁的可能不仅仅是一个人，而是一个家庭，甚至危及社会的安定。案例中田某虽然没有参与吸毒，但是允许朱某在自己家中吸毒，表明其对吸毒行为持间接故意的态度，属于对吸毒人的放纵，进而放任危害结果的发生，田某的行为已经构成了不作为犯罪。对于这一行为，必须加以惩治，以避免朋友之间为共同享乐而相互容留吸毒，达到控制和打击吸毒行为的目的。

法律依据

《中华人民共和国刑法》

第三百五十四条　容留他人吸食、注射毒品的，处三年以下有期徒刑、拘役或者管制，并处罚金。

110 在礼堂谎称有炸弹,造成多人受伤的,构成犯罪吗?

案例重现

苏某非常喜欢相声,为此也曾报名学过两年相声,但是效果并不是很好,于是没有再继续学下去,只是当成业余爱好。一次,苏某所在的社区要举办一场联欢活动,鼓励社区居民报名参加,展现自己的才艺。苏某正好想表现一下自己,便向社区报名了。由于报名参加此活动的居民比较多,社区工作人员需要对节目进行筛选。在彩排过程中,苏某的相声因缺乏亮点和新意未能入选。苏某对此事非常生气。后联欢活动在社区的礼堂举办,来现场观看节目的人很多,苏某也去了。但是在节目表演到一半时,苏某为泄愤,居然大喊"有人投放炸弹,大家快跑"。大家听后惊慌失措,纷纷向外跑去。因人员比较多,在逃跑的过程中发生拥挤,导致很多人不同程度地受伤。苏某的这一行为构成犯罪吗?

法官点评

对于编造谣言故意扰乱公共秩序的行为,我国《治安管理处罚法》第25条规定,散布谣言,谎报险情、疫情、警情或者以其他方法故意扰乱公共秩序的,处5日以上10日以下拘留,可以并处500元以下罚款;情节较轻的,处5日以下拘留或者500元以下罚款。同时,对于情节严重或后果严重的编造谣言故意扰乱公共秩序的行为,我国《刑法》规定了编造、故意传播虚假信息罪,即第291条之一的规定:"投放虚假的爆炸性、毒害性、放射性、传染病病原体等物质，或者编造爆炸威胁、生化威胁、放射威胁等恐怖信息，或者明知是编造的恐怖信息而故意传播，严重扰乱社会秩序的，处五年以下有期徒刑、拘役或者管制；造成严重后果的，处五年以上有期徒刑。"

在上面的案例中，苏某为泄私愤，在社区礼堂举办联欢活动时，故意编造有人投放炸弹的虚假信息，并在人群中大喊，以致社区居民因恐慌而发生拥挤，造成了很多人员受伤的严重后果。可见，苏某的行为触犯了我国《刑法》规定的编造、故意传播虚假信息罪，应为此承担相应的刑事责任。

法律依据

《中华人民共和国刑法》

第二百九十一条之一 投放虚假的爆炸性、毒害性、放射性、传染病病原体等物质，或者编造爆炸威胁、生化威胁、放射威胁等恐怖信息，或者明知是编造的恐怖信息而故意传播，严重扰乱社会秩序的，处五年以下有期徒刑、拘役或者管制；造成严重后果的，处五年以上有期徒刑。

编造虚假的险情、疫情、灾情、警情，在信息网络或者其他媒体上传播，或者明知是上述虚假信息，故意在信息网络或者其他媒体上传播，严重扰乱社会秩序的，处三年以下有期徒刑、拘役或者管制；造成严重后果的，处三年以上七年以下有期徒刑。

《中华人民共和国治安管理处罚法》

第二十五条 有下列行为之一的，处五日以上十日以下拘留，可以并处五百元以下罚款；情节较轻的，处五日以下拘留或者五百元以下罚款：

（一）散布谣言，谎报险情、疫情、警情或者以其他方法故意扰乱公共秩序的；

（二）投放虚假的爆炸性、毒害性、放射性、腐蚀性物质或者传染病病原体等危险物质扰乱公共秩序的；

（三）扬言实施放火、爆炸、投放危险物质扰乱公共秩序的。

111 出租车公司拒不执行法院的判决，构成犯罪吗？

案例重现

吴某原来在某公司担任通勤车司机，因经常要上夜班，吴某觉得比较辛苦，便向公司辞职。不久后，吴某找到一家出租车公司，与其签订了合同，做上了跑出租车的工作。一天，吴某接了一位乘客孙某，孙某说着急去火车站赶火车，让吴某开快一点。吴某也是个热心人，为避免孙某误了火车，便开得快了一些。在驶过十字路口时，因过往车辆和行人少，吴某闯了红灯，结果与骑电动车的李某相撞，李某被撞伤。最后，交通事故责任书认定吴某承担事故全部责任。李某以吴某及出租车公司为被告向法院提起诉讼，要求赔偿。法院最终判决出租车公司赔偿李某8万元。判决宣告后，出租车公司未提起上诉，也未在判决生效后向李某支付8万元赔偿款，理由是吴某闯红灯，违反交通规定，应由吴某承担全部赔偿责任，与出租车公司无关。经法院催告后，出租车公司仍拒绝履行法院判决。那么，出租车公司构成犯罪吗？其会因此承担什么刑事责任？

法官点评

我国《刑法》第313条规定："对人民法院的判决、裁定有能力执行而拒不执行，情节严重的，处三年以下有期徒刑、拘役或者罚金；情节特别严重的，处三年以上七年以下有期徒刑，并处罚金。单位犯前款罪的，对单位判处罚金，并对其直接负责的主管人员和其他直接责任人员，依照前款的规定处罚。"上述案例中，出租车公司拒不履行法院判决，依据条文的规定，已经构成拒不执行判决罪，对此，可依法对出租车公司判处罚金，并对出租车公司直接负责的主管人员或其他直接责任人员处三年以下有期徒刑、拘役或者罚金，如果情节特别严重，则会判处三年以上七年以下有期徒刑，并处罚金。

法院审理案件并对案件作出判决是解决社会纠纷的一种方式，也是各种纠纷处理方式中最具司法权威的一种，而且法院作出的判决、裁定是相对公平公正的，以国家强制力为后盾，任何个人或单位都应在规定的期限内履行法院的裁决，以维护司法的权威，这也是法律赋予其的一项义务。个人或单位拒不履行法院判决，是一种损害法律尊严和权威的行为，如果不加以处罚，那法律便形同虚设，法院的判决和裁定都无法得到具体的落实，更不利于社会主义法治国家的建设。

法律依据

《中华人民共和国刑法》

第三百一十三条 对人民法院的判决、裁定有能力执行而拒不执行，情节严重的，处三年以下有期徒刑、拘役或者罚金；情节特别严重的，处三年以上七年以下有期徒刑，并处罚金。

单位犯前款罪的，对单位判处罚金，并对其直接负责的主管人员和其他直接责任人员，依照前款的规定处罚。

图书在版编目（CIP）数据

每天学点法律常识：案例应用版：全新插图版/李坤著．—3 版．—北京：中国法制出版社，2021.11
ISBN 978－7－5216－2226－3

Ⅰ.①每… Ⅱ.①李… Ⅲ.①法律－基本知识－中国 Ⅳ.①D920.4

中国版本图书馆 CIP 数据核字（2021）第 208049 号

责任编辑：李佳　　　　　　　　　　　　　封面设计：杨泽江

每天学点法律常识：案例应用版：全新插图版
MEITIAN XUE DIAN FALÜ CHANGSHI：ANLI YINGYONGBAN：QUANXIN CHATUBAN

著者/李坤
经销/新华书店
印刷/三河市紫恒印装有限公司
开本/880 毫米×1230 毫米　32 开　　　　　　印张/8.5　字数/139 千
版次/2021 年 11 月第 3 版　　　　　　　　　2021 年 11 月第 1 次印刷

中国法制出版社出版
书号 ISBN 978－7－5216－2226－3　　　　　　定价：39.80 元
北京市西城区西便门西里甲 16 号西便门办公区
邮政编码：100053　　　　　　　　　　　　传真：010－63141852
网址：http：//www.zgfzs.com　　　　　　编辑部电话：010－63141832
市场营销部电话：010－63141612　　　　　印务部电话：010－63141606

（如有印装质量问题，请与本社印务部联系。）